Rolf Rebe

PSYCHOLOGIE

Grundlagen, Methoden, Therapien

C.H.Beck

Mit 4 Abbildungen und 2 Tabellen

Eine englische Fassung des Buches ist 2020 unter dem Titel «Psychology – the basics» bei Routledge, London, erschienen.

Meiner Frau Hélène gewidmet

Originalausgabe

www.chbeck.de
Reihengestaltung Umschlag: Uwe Göbel (Original 1995, mit Logo), Marion Blomeyer (Überarbeitung 2018)
Umschlagabbildung: © Shutterstock/Minimalista
Satz: C.H.Beck.Media.Solutions, Nördlingen
Druck und Bindung: Druckerei C.H.Beck, Nördlingen
Printed in Germany
ISBN 978 3406 76582 7

myclimate

klimaneutral produziert
www.chbeck.de/nachhaltig

Inhalt

Einführung: Warum tun wir, was wir tun?

Ein junger Mann raucht an einer U-Bahn-Station. Als ein Angestellter ihn darauf hinweist, dass Rauchen verboten ist, greift der junge Mann ihn an und verletzt ihn schwer. Wie kommt es dazu? Hat er nicht gelernt, dass Aggression bestraft wird? Denkt er, er könne so Kritik an seiner Person unterbinden? Hat er ein Ärgerproblem? Ist etwas falsch mit seinem Gehirn? Ist er unreif? Vielleicht ist er in einer Umgebung aufgewachsen, in der Gewalt gang und gebe ist? War die Konstellation der Gestirne zum Zeitpunkt seiner Geburt ungünstig? Oder wurde er gar vom Teufel versucht?

Alle diese Alltagserklärungen außer den zwei letzten sind für einen Psychologen akzeptabel. Die Astrologie versucht, den Charakter aus der Konstellation der Gestirne zum Zeitpunkt der Geburt herzuleiten. Allerdings zeigen wissenschaftliche Untersuchungen, dass Astrologen den Charakter einer Person nicht vorhersagen können (Carlson, 1985). Die Astrologie ist unwissenschaftlich, weil es keine stichhaltigen Befunde zur Stützung ihrer Vorhersagen gibt; die Astrologie ist nicht *evidenzbasiert*. Jede Praxis in der Psychologie muss sich auf die vorhandenen Befunde stützen. Wenn es zu Gott und Teufel kommt, handelt es sich bei diesen um übernatürliche Kräfte, die nicht wissenschaftlich erforscht werden können. Annahmen aus pseudowissenschaftlichen Praktiken und religiösem Glauben liegen deshalb außerhalb der *Psychologie,* die die Wissenschaft des Geistes und des Verhaltens ist.

Die wissenschaftlichen Denkansätze der Psychologie sind in Tabelle 1 dargestellt. Die erste Spalte zählt die oben erwähnten Alltagserklärungen für das aggressive Verhalten des jungen Rauchers auf. In der Tat entsprechen diese laienhaften Erklärungen ziemlich gut allgemeinen wissenschaftlichen Erklärungen – schließlich begannen die ersten Wissenschaftler mit Alltagserklärungen, von denen viele menschliches Verhalten durchaus richtig erklären. Laien unterscheiden sich in ihren bevorzugten Erklärungen. Einige denken, Aggression liege «in der Natur» eines Menschen und sei damit das Produkt genetischer Veranlagung; andere, die Aggression sei das Produkt «schlechter Erziehung» und damit der Umwelt. Die Frage, ob Gene oder die Umwelt das Verhalten bestimmen, führte in der wissenschaftlichen Psychologie zur *Anlage-Umwelt-Kontroverse.*

Eine andere Diskussion geht der Frage nach, welche Rolle der Charakter oder die Situation für das Verhalten spielen. Interessanterweise bevorzugen Laien im Westen Erklärungen, die die Rolle des «Charakters» oder der «Persönlichkeit» für die Aggression des jungen Rauchers betonen, während Personen in Süd- und Ostasien glauben, dass eine bestimmte Konstellation der Situation den Angriff des jungen Mannes hervorgerufen habe, etwa, dass ihn die Zurechtweisung provoziert habe. Der Unterschied zwischen den Erklärungen in westlichen und östlichen Kulturen entspricht der *Person-Situation-Kontroverse* in der Psychologie. Im Verlauf des Buches werden wir sowohl der Anlage-Umwelt-Kontroverse wie auch der Person-Situation-Kontroverse begegnen und die jeweilige Evidenz für und wider die unterschiedlichen Positionen diskutieren.

Für jede wissenschaftliche Erklärung in der zweiten Spalte von Tabelle 1 gibt es einen Ansatz in der Psychologie, aufgeführt in der dritten Spalte. Wenn Eltern oder Politiker ein Problem wie Aggression antreffen, wollen sie eine Verbesserung erreichen. Interessanterweise hängen die in der vierten Spalte dargestellten Methoden zur Veränderung von Verhalten von der wissenschaftlichen Erklärung des Verhaltens und daher vom Ansatz ab. Nehmen wir unser Beispiel: Wenn wir denken, der junge Mann habe den U-Bahn-Angestellten angegriffen, weil er nie richtig bestraft wurde, dann sind wir versucht, Strafe für seine Missetat zu verlangen. Wenn wir denken, dass die Aggression durch fehlerhafte Gedanken verursacht wurde, dann versuchen wir, diese Gedanken zu korrigieren.

Die Hauptansätze werden jeweils in einem eigenen Kapitel diskutiert, während andere Ansätze nur beiläufig erwähnt wer-

Tabelle 1: Alltagserklärungen, entsprechende allgemeine wissenschaftliche Erklärungen, psychologische Ansätze zur Erklärung von Verhalten und Interventionen; in Klammern das Kapitel, in welchem Ansatz oder Intervention besprochen wird.

Alltagserklärung	Allgemeine wissenschaftliche Erklärung	Ansatz	Interventionen
Frühere Aggression nicht bestraft	Lernen (klassische und operante Konditionierung)	Behaviorismus (1)	Verhaltenstherapie (8)
Denkt, er könne künftige Kritik verhindern	Gedanken (Kognition)	Kognitive Psychologie (2)	Kognitive Therapie (8)
Ärger motiviert ihn	Motivation und Emotion	Motivation und Emotion (3)	Emotionsregulationstraining
Fehler in seinem Gehirn oder seinen Genen	Hirnfunktion; Gene	Biologische Psychologie (4)	Medizinische Behandlung
Ist nicht reif genug	Entwicklungsprozesse	Entwicklungspsychologie (5)	Kompetenztraining
Liegt in seinem Charakter	Persönlichkeitseigenschaften	Persönlichkeitspsychologie (6)	Charaktererziehung
Wurde durch die Zurechtweisung provoziert	Soziale Prozesse	Sozialpsychologie (7)	Training sozialer Kompetenzen
Sieht keinen Sinn im Leben	Lebenssinn	Humanistische Psychologie	Klientenzentrierte Psychotherapie (8)
Unbewusste Konflikte verursachen Aggression	Unbewusste Kindheitserlebnisse	Psychoanalyse	Psychoanalyse (8)
Wuchs in einem sozialen Brennpunkt auf	Gruppe und Kultur	Kulturpsychologie	Interventionen auf Gruppenebene
So drückt die Unterschicht Wut gegen Herrschende aus	Unterdrückung; Machthierarchien	Kritische Psychologie	Interventionen auf gesellschaftlicher Ebene

den. Die ersten beiden Kapitel folgen der historischen Entwicklung vom Behaviorismus zur kognitiven Psychologie. Viele Theorien der Motivation und Emotion (Kapitel 3) sind vom kognitiven Ansatz inspiriert. Hirnabbildungsmethoden und Genetik (Kapitel 4) haben psychologische Methoden ergänzt. Die letzten vier Kapitel bauen auf diesen grundlegenden Ansätzen auf und beschäftigen sich mit menschlicher Entwicklung, Persönlichkeit, Sozialpsychologie und psychischen Störungen, psychotherapeutische Ansätze mit eingeschlossen.

Tabelle 1 wurde hergeleitet aus möglichen Erklärungen des Verhaltens eines jungen Mannes, der einen U-Bahn-Angestellten nach einer Zurechtweisung angriff. Die Ansätze, die wir diskutieren werden, können mannigfaltige Verhaltensweisen erklären. Zum Beispiel, warum fürchtet Lisa Hunde? Warum ist Nora glücklich? Warum wurde Adrian Architekt? Warum ist Johannes gut in der Schule und Kevin schlecht? Wie lernt Katja sprechen? Warum ist es so schwierig, mit dem Rauchen aufzuhören? Und was trägt dazu bei, dass Ehen gelingen oder misslingen? Auf all diese Fragen geben sowohl Laien wie auch Psychologen Antworten; jedes dieser Probleme kann mithilfe der verschiedenen Ansätze angegangen werden. Während sich Laien oft mit einer plausiblen Behauptung zufriedengeben, müssen Wissenschaftler jede Erklärung durch wissenschaftliche Daten gestützt sehen.

Die Hauptaussage dieser Einführung ist, dass die Psychologie eine empirische Wissenschaft ist, die sich auf Evidenz stützt; Behauptungen müssen durch Daten belegt werden. Wissenschaftlich am strengsten waren die Behavioristen, mit denen wir unseren Streifzug durch die Psychologie beginnen.

1. Lernen aus Erfahrung: Behaviorismus

In der Alltagssprache sagen wir, dass Lisa Hunde meidet, weil sie sie fürchtet, oder dass der junge Raucher den U-Bahn-Angestellten angegriffen hat, weil er wütend war. Nun ist aber eine solche Ausdrucksweise problematisch für die wissenschaftliche Erforschung von Verhalten, weil wir innere Zustände wie Furcht oder Wut nicht beobachten können; wir können nicht Gedanken und Gefühle lesen. Zudem sind die Berichte der Personen selbst unzuverlässig; sie mögen uns über ihre Gefühle täuschen. Was wir zuverlässig beobachten können, ist Verhalten, zum Beispiel das Meiden von Hunden oder der Angriff auf eine andere Person.

Um diese Probleme umschiffen zu können, haben die Anhänger eines Ansatzes namens *Behaviorismus* behauptet, es sei prinzipiell unmöglich, etwas über geistige (synonym: mentale) Prozesse auszusagen, weil es keinen Weg gebe, diese direkt zu beobachten. Somit sei das Beste, was Forscher tun können, Verhalten zu beobachten. Ein Wissenschaftler kann einen *Reiz* (oder *Stimulus*) beschreiben – was ist das Objekt oder Ereignis, das eine Verhaltensantwort auslöst? Ein solcher Stimulus ist etwa ein Hund und die Verhaltensantwort der Ausdruck von Furcht, zum Beispiel im Gesichtsausdruck. Dagegen bleiben die mentalen Prozesse, die einen Stimulus mit der Verhaltensantwort verbinden, also Wahrnehmung, Kategorisieren, Erinnerungen, Gedanken, Absichten und Entscheidungen, im Dunkeln. Dementsprechend nahmen die Behavioristen an, dass der Geist eine *Blackbox* («schwarze Kiste») ist, die von Wissenschaftlern unmöglich geöffnet werden könne. Damit begrenzen die Behavioristen den Geltungsbereich der Psychologie. Wird die Psychologie gewöhnlich als die Wissenschaft vom Verhalten und des Geistes gesehen, beschränken die Behavioristen die Psychologie also auf die Wissenschaft vom Verhalten.

Behavioristen erforschen das Lernen. Normalerweise denken wir beim Begriff Lernen an Schüler, die sich Mathematik oder Grammatik aneignen, um dieses Wissen in einer Prüfung abzurufen. Das ist nicht die Art des Lernens, die Behavioristen im Sinn haben. Sie gehen von der Annahme aus, dass Organismen alles durch Erfahrung lernen. Bei der Geburt sind nur einige grundlegende *Reflexe* vorhanden, die unwillkürliche, automatische und gleichbleibende Reaktionen auf einen bestimmten Reiz sind; Lernen baut auf diesen Reflexen auf. Behavioristen nehmen an, dass es Gesetze des Lernens gibt, wie es in der Physik Gesetze gibt, die Bewegungen erklären. Sie suchten deshalb nach den grundlegenden Lerngesetzen.

Das Vermächtnis des Behaviorismus besteht in der Erforschung zweier grundlegender Lernmechanismen, klassische Konditionierung und operante Konditionierung, die wir in den nächsten beiden Abschnitten anschauen. Wir beschließen das Kapitel mit einer Übersicht über zwei Studien, die die Grenzen des Behaviorismus aufzeigten. Trotz dieser Begrenzungen hat der Behaviorismus wichtige Prinzipien der Verhaltensanalyse und der Verhaltensveränderung entdeckt, die zu Anwendungen in einer Vielzahl von Bereichen geführt haben, heute vor allem in der Verhaltenstherapie (siehe Kapitel 8).

Pawlows Hund: Klassische Konditionierung

Wann immer die vierzehnjährige Lisa einen Hund sieht, hat sie Angst. Ein Grund könnte sein, dass frühere Erfahrungen mit Hunden die Angst in Lisa auslösen. Wir können versuchen, die Elemente dieser Erfahrung zu unterscheiden. Nehmen wir an, dass Lisa als kleines Kind Angst bekam, wenn ein Hund bellte. Da Hunde oft gegen eine Person rennen oder warten, bis eine Person nahe genug ist, bevor sie bellen, hat Lisa den Hund gesehen, bevor er zu bellen begann. Wenn Lisa wiederholt Hunde sieht, die kurz danach bellen, dann beginnt sie Angst zu haben, sobald sie nur einen Hund sieht – selbst dann, wenn er nicht bellt.

Diese Art von Lernen wurde seit etwa 1900 systematisch erforscht. Die bekannteste Studie ist unter dem Namen «Pawlow'scher Hund» bekannt geworden. Pawlow bemerkte, dass Hunde in seinen Experimenten Speichel absonderten, wenn sie das Futter sahen, das der Tierwärter ihnen brachte. Nach einiger Zeit begannen die Hunde aber auch dann Speichel abzusondern, sobald sie den Tierwärter sahen. Pawlow, der ursprünglich am Ablauf der Verdauung interessiert war, erkannte, dass er ein grundlegendes Lernprinzip gefunden haben könnte. Er brauchte nur eine Glocke zu seinem Experiment hinzuzufügen, um das Prinzip zu erkunden, das unter dem Namen *klassische Konditionierung* bekannt wurde.

Das Experiment hat vier Teile: (1) Wenn ein Hund Futter sieht, dann sondert er Speichel ab. (2) Wenn er eine Glocke läuten hört, dann sondert er keinen Speichel ab. (3) Nun wird das Läuten der Glocke mit dem Futter verbunden; unmittelbar bevor der Hund Futter bekommt, läutet die Glocke. (4) Nachdem der Hund mehrere Male die Glocke gehört hat, bevor das Futter kam, läutet der Versuchsleiter mit der Glocke, serviert aber kein Futter. Obwohl der Hund kein Futter bekommt, sondert er nun Speichel ab.

Das Experiment enthält vier Elemente: (1) Fleisch, (2) das Läuten der Glocke, (3) das Absondern von Speichel beim Anblick des Fleisches und (4) das Absondern von Speichel beim Läuten der Glocke. Futter ist der Reiz, der von Natur aus Speichelabsonderung als Reaktion auslöst. Futter ist deshalb der *unbedingte Reiz* und die darauffolgende Speichelabsonderung die *unbedingte Reaktion*. Das Glockengeläut allein löst Speichelabsonderung nur nach wiederholter Verknüpfung mit dem Futter aus. Die Bedingung, dass die Glocke eine Speichelabsonderung bewirkt, ist das Vorhandensein des unbedingten Reizes, hier also des Futters. Deshalb spricht man beim Läuten der Glocke von einem *bedingten Reiz* und bei der Speichelabsonderung ohne Futter von der *bedingten Reaktion*. Es lohnt sich, einen Moment innezuhalten und sich die Begriffe einzuprägen, die in den im Folgenden erläuterten Prinzipien eine zentrale Rolle spielen.

Im Falle von Lisa ist das Bellen der unbedingte Reiz und der darauffolgende Ausdruck von Furcht die unbedingte Reaktion.

Durch wiederholtes Verknüpfen der Ansicht des Hundes mit seinem Bellen zeigt Lisa Furcht, sobald sie den Hund sieht (der bedingte Reiz); diese Furcht ohne Bellen ist die bedingte Reaktion.

Der Erwerb einer bedingten Reaktion verlangt oft Dutzende von Verknüpfungen des bedingten mit dem unbedingten Reiz, bevor der bedingte Reiz allein die bedingte Reaktion herbeiführt. Das Läuten der Glocke im Hundeexperiment muss also wiederholt mit Futter kombiniert werden, um schließlich ohne Futter Speichelabsonderung zu erzeugen.

Kritisch ist das Timing der Verknüpfung. Am effizientesten ist die Präsentation des bedingten Reizes unmittelbar vor dem unbedingten Reiz. In Pawlows Experiment erhielt der Hund Futter binnen zwei Sekunden nach dem Läuten der Glocke. In diesem Falle sagt der bedingte Reiz das Erscheinen des unbedingten Reizes vorher.

Es gibt eine wichtige Ausnahme von dieser Regel: die *Geschmacksaversion*. Ein Erreger in einem Nahrungsmittel kann Übelkeit (unbedingter Reiz) verursachen und nachfolgend eine Abneigung gegen diese Nahrung (unbedingte Reaktion). Wenn der Geschmack des Nahrungsmittels (hier der bedingte Reiz) mit Übelkeit verknüpft wird, dann entwickelt sich eine Abneigung als bedingte Reaktion selbst dann, wenn der Abstand zwischen bedingtem und unbedingtem Reiz – also Geschmack und Übelkeit – bis zu 24 Stunden beträgt. Diese Ausnahme scheint vor allem auf Reiz-Reaktionskombinationen bezogen, die für das Leben eines Organismus bedeutsam sind, wie das Entdecken giftiger Stoffe, über die uns der Geschmack von Nahrung Auskunft geben kann. Geschmacksaversion ist so stark, dass Übelkeit nach einer chemotherapeutischen Behandlung bei Krebspatienten zu einer Abneigung gegen die eingenommenen Nahrungsmittel führt, obwohl die Patienten genau wissen, dass die Übelkeit von der Therapie stammt und nicht auf die betreffenden Nahrungsmittel zurückgeht (Bernstein & Webster, 1980). Außer solchen biologisch bedeutsamen Reiz-Reaktionskombinationen gilt aber, dass der bedingte Reiz unmittelbar vor dem unbedingten Reiz kommen muss.

Wenn der konditionierte Reiz wiederholte Male mit dem unkonditionierten Reiz verknüpft wird, dann erhalten wir eine bedingte Reaktion, wenn der bedingte Reiz allein erscheint. Wenn aber der Hund wiederholt kein Futter bekommt nach dem Läuten der Glocke, dann wird der Speichelfluss abnehmen und schließlich verschwinden. Dieser Prozess wird *Extinktion* genannt. Allgemeiner formuliert, wenn der bedingte Reiz wiederholt ohne den unbedingten Reiz präsentiert wird, dann wird die Verknüpfung der zwei Reize geschwächt und die bedingte Reaktion sich vermindern und am Schluss verschwinden.

Allerdings bedeutet Extinktion nicht Vergessen; wenn man nach vollständiger Extinktion einen Tag wartet, dann erzeugt das Läuten der Glocke (bedingter Reiz) die Speichelabsonderung (bedingte Reaktion), aber in abgeschwächter Intensität. Dieser Prozess wird *spontane Erholung* genannt und zeigt, dass die Verknüpfung zwischen Glockenton und Futter nicht vergessen wurde.

Extinktion kann auch bei Menschen beobachtet werden. Wenn Lisa Hunden begegnet, die nicht bellen, wird sie beim Anblick eines Hundes nicht mehr die Furchtreaktion zeigen. Begegnet sie aber nach einiger Zeit wieder einem Hund, der bellt, wird sie sehr schnell die bedingte Furchtreaktion wieder erwerben. Es gibt Menschen, die derart Angst vor Hunden haben, dass sie alles tun, um Hunden auszuweichen. Solche Angst kann sich zu einer Angststörung entwickeln. Ironischerweise nehmen sie sich durch das Meiden von Hunden die Möglichkeit zur Extinktion der Furcht durch Kontakt mit Hunden, die ja normalerweise nett sind. Eine wirksame Art, Furcht vor Hunden zu vermindern und am Schluss zu eliminieren, besteht darin, Leute mit netten Hunden in Kontakt zu bringen, wie wir in Kapitel 8 diskutieren werden.

Sehen wir nun ein etwas verändertes Beispiel an, in dem Lisa den Hund streicheln will und er sie beißt, so dass sie Hunde nicht wieder berührt. Diese Art des Lernens aus den Konsequenzen des eigenen Verhaltens wird durch die Prinzipien der operanten Konditionierung beschrieben.

Die Skinner-Box: Operante Konditionierung

In der klassischen Konditionierung lernen Menschen und Tiere die Verknüpfung zweier Reize, den bedingten Reiz und den unbedingten Reiz. Wenn Lisa Hunde jedoch nicht mehr berühren will, weil sie beim Streicheln eines Hundes gebissen wurde, dann kann dieses Vermeidungsverhalten nicht mit den Prinzipien der klassischen Konditionierung erklärt werden; was ist hier der bedingte oder der unbedingte Reiz? Ebenso wenig lässt sich das Verhalten des jungen Rauchers an der U-Bahn-Station durch die Prinzipien des klassischen Konditionierens beschreiben. Normalerweise nehmen wir an, dass Aggression durch positive Konsequenzen ausgelöst werden kann, zum Beispiel das Vergnügen an eigener Dominanz, oder durch den Mangel an negativen Konsequenzen, zum Beispiel einer ausbleibenden Bestrafung. Eine andere Art von Konditionierung – *operante Konditionierung* (manchmal auch *instrumentelle Konditionierung* genannt) – vermag aggressives Verhalten besser zu erklären, weil sie Lernen durch die Verknüpfung zwischen einer Verhaltensantwort und ihren Konsequenzen beschreibt.

So wie Pawlows Hund die bekannteste Studie zur klassischen Konditionierung ist, ist die *Skinner-Box* das unverwechselbare Design für die operante Konditionierung von Tieren – in den Studien Skinners meist Tauben und Ratten. Die Psychologen vor Skinner verwendeten Käfige, Kisten oder Labyrinthe mit einem Startpunkt und einem Zielort, an dem das Tier Futter vorfand. Diese älteren Versuchsanlagen erforderten, dass der Versuchsleiter das Tier nach jedem Durchgang zurück in den Käfig oder zum Startpunkt hieven musste. In der Skinner-Box hingegen kann man das Tier allein lassen und mehrere Verhaltensantworten aufzeichnen. Sie ist ein Käfig, in dem ein Hebel und ein Futterausgabebehälter angebracht sind. Drückt das Tier den Hebel, erhält es unmittelbar danach ein Stück Trockenfutter. Jede Antwort wird automatisch aufgezeichnet. Normalerweise dauert es einige Zeit, bis eine Ratte oder Taube den Hebel zum ersten Mal drückt und Futter erhält. Die Zeiten für das wiederholte Drücken des Hebels werden zunehmend kürzer.

Diese Beobachtung lässt sich mit Thorndikes schon 1898 formuliertem *Gesetz der Wirkung* erklären. Es besagt: Wenn ein Verhalten in einer Situation angenehme Auswirkungen hat, dann tritt das gleiche Verhalten mit großer Wahrscheinlichkeit wieder auf; wenn dem Verhalten eine unangenehme Konsequenz folgt, dann wird die Wahrscheinlichkeit vermindert, dass das gleiche Verhalten nochmals auftritt.

Die Behavioristen beziehen sich direkt auf das Gesetz der Wirkung, wenn sie annehmen, dass bei der operanten Konditionierung die Wahrscheinlichkeit einer Verhaltensantwort steigt, wenn die Konsequenzen positiv sind, und sinkt, wenn sie negativ sind.

Die Behavioristen unterscheiden vier Typen von Kombinationen aus Verhalten und Konsequenzen: *Positive Verstärkung* bedeutet, dass ein positives Ereignis einer Verhaltensantwort folgt. In der Alltagssprache sprechen wir von einer Belohnung. Zum Beispiel erhält eine Ratte nach dem Drücken eines Hebels Futter oder ein Kind wird gelobt, nachdem es sein Zimmer aufgeräumt hat. Das positive Ereignis – die Belohnung – stärkt das Verhalten, das heißt, die Wahrscheinlichkeit steigt, dass die Ratte oder das Kind das jeweilige Verhalten wieder zeigen. Bei *negativer Verstärkung* entfernt ein Verhalten einen unangenehmen Reiz; wenn zum Beispiel ein Tier einem milden, aber schmerzhaften Elektroschock ausweicht, indem es in einen anderen Teil des Käfigs flüchtet. Negative Verstärkung ist also nicht Strafe. Sowohl positive wie negative Verstärkung *erhöhen* die Wahrscheinlichkeit, dass das gleiche Verhalten wiederauftritt. *Strafe* (oder: *positive Strafe*) bedeutet, dass ein unangenehmer Reiz einem Verhalten folgt, zum Beispiel ein Elektroschock, wenn die Ratte eine bestimmte Kammer in einem Labyrinth betritt, oder Tadel, wenn ein Kind sich danebenbenimmt. Schließlich gibt es die *negative Strafe*, bei der ein Verhalten einen angenehmen Zustand entfernt. Dies ist der Fall, wenn ein Junge jeden Morgen sein Lieblingsmüsli bekommt, aber eines Morgens verschläft und ihm dieses vorenthalten wird. Sowohl positive wie auch negative Strafen *vermindern* die Wahrscheinlichkeit, dass ein Verhalten wieder gezeigt wird.

Manchmal treten positive und negative Verstärkung zusammen auf und erzeugen einen Teufelskreis. Ein Beispiel: Der kleine Bruder bittet seine große Schwester, ihm beim Bruchrechnen zu helfen, und diese meint, er soll es doch gefälligst selbst probieren. Er fragt nach drei Minuten nochmals, nach fünf Minuten beginnt er zu klagen, nach zehn Minuten zu schreien, dann zu toben und schließlich nach zwanzig Minuten zu heulen. Die Schwester widersteht diesen Versuchen fürs Erste, aber schließlich ermüdet sie angesichts des Geheuls und gibt nach; sie hilft ihm. In diesem Moment wird das Verhalten sowohl des Bruders wie der Schwester verstärkt. Für den Bruder ist die Hilfe, die er bekommt, eine positive Verstärkung für das Heulen, was die Wahrscheinlichkeit erhöht, dass er wieder heult, wenn er das nächste Mal Hilfe braucht. Für die Schwester führt das Nachgeben und Helfen zu negativer Verstärkung, weil dadurch das unangenehme Geheul entfernt wird, was die Wahrscheinlichkeit zukünftigen Nachgebens erhöht. Da das Verhalten beider – Bruder und Schwester – wechselseitig verstärkt wird, wird sich seine Häufigkeit erhöhen. Mit der Zeit wird der Bruder Fragen, Klagen, Schreien und Toben überspringen und gleich mit dem Heulen beginnen; die Schwester wird es leid, sich das Geheule anzuhören, und hilft ihm, sobald er zu heulen beginnt. Scheinbar komplexe Situationen, wie dieser Teufelskreis der Verstärkung, können mit einfachen Gesetzen der operanten Konditionierung erklärt werden.

Operante Konditionierung liegt auch einem anderen Phänomen zugrunde, der *gelernten Hilflosigkeit* (Maier & Seligman, 1976). Wir haben vorhin gesehen, dass Tiere lernen, einem Schock auszuweichen, indem sie in einen anderen Teil des Käfigs springen, was zu negativer Verstärkung führt. Was passiert aber, wenn ein Tier Schocks erhält und keine Möglichkeit hat, auszuweichen? In Studien zu gelernter Hilflosigkeit erhielten Hunde in einem ersten Durchgang Schocks, denen sie nicht ausweichen konnten. In einem zweiten Teil hätten sie den Schocks ausweichen können, taten es aber nicht; stattdessen blieben sie einfach sitzen. Später wurde gelernte Hilflosigkeit als Modell für die Erklärung von Depression und Passivität bei schulschwachen Kindern herangezogen. Wenn Personen kritisiert werden für alles, was sie tun, werden sie passiv und verpassen Gelegenheiten zum Handeln selbst dann, wenn sie eine Verbesserung herbeiführen könnten. Wenn Georg sich für Prüfungen vorbereitet und trotzdem schlechte Noten nach Hause bringt, wird er wahrscheinlich aufhören, für Prüfungen zu lernen, weil dieses Verhalten nicht verstärkt wird.

Bisher haben wir uns auf *kontinuierliche Verstärkung* beschränkt, anders gesagt darauf, was passiert, wenn die Ratte nach jedem Hebeldruck Futter erhält. Was aber passiert, wenn Futter nicht nach jedem Hebeldruck verabreicht wird? In diesem Falle erwarten wir, dass die Häufigkeit eines Verhaltens – hier das Drücken des Hebels – abnimmt, weil es mit kleinerer Wahrscheinlichkeit verstärkt wird. Das ist aber nicht der Fall. Nachdem die Ratte trainiert wurde, dass nach jedem Hebeldruck Futter kommt, kann der Versuchsleiter nach drei, fünf, zehn und schließlich sogar hundert Hebeldrücken Futter geben. Statt die Häufigkeit der Hebeldrücke zu vermindern, erhöht ein solcher Verstärkungsplan die Häufigkeit des Verhaltens; zumindest bis der nächste Futterwürfel gegeben wurde. Nach einer kurzen Pause beginnt die Ratte erneut, den Hebel in schneller Kadenz zu drücken.

Ferster und Skinner (1957) haben unterschiedliche Verstärkungspläne diskutiert, die zu höheren Antwortraten führten. Ich stelle hier nur einen Plan vor, der auch zur Erklärung von Spielabhängigkeit relevant ist. Ein Spielautomat ist nach einem *variablen Quotenplan* programmiert. Das heißt, dass er in unregelmäßigen Abständen Geld auszahlt, im Durchschnitt zum Beispiel jedes zwölfte Mal. Konkret zahlt der Automat das eine Mal nach fünf, das andere Male nach elf oder auch 19 Durchgängen Geld aus. Denn gäbe der Automat regelmäßig jedes zwölfte Mal Geld aus, dann würden die Spieler bis zum nächsten Gewinn warten und danach das Spielen einstellen. Die Unberechenbarkeit des variablen Quotenplans trägt dazu bei, dass die Spieler eine Münze nach der anderen in den Spielautomaten einwerfen. Soll ein Verhalten aufrechterhalten werden, ist der variable Quotenplan der wirksamste Verstärkungsplan.

Operante Konditionierung ist heutzutage wichtig für die Verhaltensanalyse und Verhaltensänderung. Kommen wir auf das Beispiel des Teufelskreises zurück, bei dem die große Schwester das Heulen des kleinen Bruders belohnt, indem sie ihm bei einer Aufgabe hilft, von der sie eigentlich möchte, dass er sie selbst löst; der kleine Bruder wiederum verstärkt das Helfen der Schwester, indem er aufhört zu heulen. Die Analyse solcher Verstärkungsmuster ist die Aufgabe der Verhaltensanalyse. Wenn Psychologen wissen, welche Arten der Verstärkung am Werk sind, können sie beginnen, diese zu ändern. Diese Art der Verhaltensänderung ist zentral für die Verhaltenstherapie, die wir in Kapitel 8 besprechen.

Gemeinsam liefern die Theorien der klassischen und operanten Konditionierung überzeugende Erklärungen für das Entstehen von Verhaltensweisen. Behavioristen bauen auf einer philosophischen Tradition auf, die *Empirismus* heißt. Sie geht davon aus, dass alle Menschen mit denselben grundlegenden Reflexen geboren werden; ansonsten aber gleicht der Geist einer leeren Wachstafel. Menschen müssen alles von Grund auf lernen; die Umwelt bestimmt somit, was Personen lernen und wie sie sich verhalten. Es gibt kein vererbtes Wissen, Präferenzen oder Instinkte. Selbst wenn es angeborene Talente oder Fähigkeiten gäbe, wäre ihre Rolle bedeutend kleiner als die Rolle des Lernens. In der Anlage-Umwelt-Kontroverse nehmen Behavioristen die Position ein, dass die Umwelt Verhalten bestimmt, schön ausgedrückt von John Watson, einem Gründungsvater des Behaviorismus: «Gib mir ein Dutzend gesunde Kleinkinder, wohlgeformt, und meine eigens angelegte Welt, um sie aufzuziehen, und ich garantiere, dass ich irgendeines von ihnen zufällig auswählen und es das lehren kann, was immer ich für es wähle – Doktor, Anwalt, Künstler, Händler, und ja, sogar Bettler und Dieb, unabhängig von seinen Talenten, Neigungen, Fähigkeiten, Begabungen oder der Rasse seiner Vorfahren» (Watson, 1945/1924, 82; Übersetzung des Verfassers).

Nach den Behavioristen hängen aggressives Verhalten, Angst vor Hunden oder Lernschwierigkeiten allesamt von der persönlichen Lerngeschichte ab, die durch die Annahmen der klassischen und operanten Konditionierung erklärt werden können. Allerdings gibt es Beobachtungen, die nicht in diesen theoretischen Rahmen passen.

Was Behaviorismus nicht erklärt

Der Philosoph Thomas Kuhn (1962) schrieb, dass wissenschaftlicher Fortschritt geradlinig verläuft, solange eine neue Evidenz nicht den grundlegenden Annahmen des vorherrschenden theoretischen Ansatzes (Kuhn sprach von «*Paradigma*») widerspricht. Meistens entstehen Schwierigkeiten für ein Paradigma dadurch, dass Beobachtungen nicht mit den herkömmlichen Theorien erklärt werden können. Zuerst versuchen Wissenschaftler, diese Beobachtungen als Anomalien abzutun, und fügen neue theoretische Annahmen hinzu, um sie innerhalb des vorherrschenden Paradigmas zu erklären. Erst wenn die Schwierigkeiten so überwältigend werden, dass es keinen Weg gibt, neue Beobachtungen innerhalb des alten Paradigmas zu erklären, ist die Zeit reif für ein neues Paradigma, das das alte ersetzt. Dieser radikale Umbruch von einem Paradigma zu einem anderen geschieht oft in kurzer Zeit; deshalb nannte Kuhn solche plötzlichen Wechsel «wissenschaftliche Revolutionen». In diesem Abschnitt sehen wir uns einige Beobachtungen an, die dem Behaviorismus Schwierigkeiten bereiten. Im nächsten Kapitel besprechen wir die kognitive Psychologie, die in den 1960er Jahren innerhalb weniger Jahre den Behaviorismus als herrschendes Paradigma ablöste.

Um die grundlegenden Annahmen des Behaviorismus zu unterhöhlen, müsste man zeigen können, dass es Arten des Lernens gibt, die sich nicht mit den Prinzipien des klassischen oder operanten Konditionierens erklären lassen.

Eine erste Beobachtung, die nicht innerhalb des behavioristischen Paradigmas erklärt werden kann, betrifft die Abwesenheit von Belohnung, wie sie von Edward Tolman (1948) berichtet wird. Nach den Prinzipien des operanten Konditionierens dürfte eine Ratte nur dann den Zielort eines Labyrinthes lernen, wenn sie belohnt wird. Im Gegensatz zu diesem Grundsatz des

Behaviorismus konnte Tolman zeigen, dass Ratten, die zuerst das Labyrinth erkunden durften und erst nach mehreren Erkundungsdurchgängen einmal eine Belohnung für das Erreichen des Zielorts erhielten, den Zielort genauso gut lernten wie Ratten, die immer eine Belohnung erhielten.

Die Ratten in Tolmans Experiment erwarben also auch ohne Belohnung Kenntnisse über das Labyrinth. Dieses Phänomen bezeichnet man als *latentes Lernen*. Es bedarf mehr als des Gesetzes der Wirkung und der Prinzipien der Verstärkung, um diese Beobachtung zu erklären. Tolman (1948) schloss aus seinen Experimenten, dass freie Erkundung für Ratten genügte, um die räumliche Anordnung des Labyrinthes zu lernen; sie erwerben, wie er es nannte, eine *kognitive Landkarte*, das heißt, eine Repräsentation der Umgebung im Gedächtnis. Neuere Forschung hat die biologischen Grundlagen kognitiver Landkarten und deren Erwerb durch Erkundung entdeckt (siehe Moser, Moser & McNaughton, 2017).

Zweitens können Personen aus Beobachtung lernen; auch dies ist ein Befund, der schwierig zu erklären ist mittels operanter Konditionierung. In einer klassischen Studie ließ Albert Bandura (1965) Kindergartenkinder einen Filmausschnitt anschauen, in dem eine erwachsene Person sich aggressiv gegenüber einer lebensgroßen Puppe verhielt; sie schlug die Puppe auf die Nase, hämmerte auf ihren Kopf oder machte aggressive Bemerkungen. Das erwachsene Rollenmodell wurde entweder belohnt oder bestraft für das Schlagen der Puppe. Beobachteten Kinder, dass das Rollenmodell Süßigkeiten und Limonade als Belohnung erhielt, dann verhielten sie sich aggressiver gegen die Puppe als Kinder, die die Beobachtung machten, dass das Rollenmodell durch Zurechtweisung bestraft wurde. Die Kinder schienen zu lernen, dass sie für Aggression belohnt werden, wenn das Rollenmodell eine Belohnung erhielt, und dass sie getadelt werden, wenn das Rollenmodell zurechtgewiesen wurde; das heißt, direkte Verstärkung oder Bestrafung aggressiven Verhaltens wie bei operanter Konditionierung war gar nicht nötig. Bandura testete eine dritte Gruppe Kinder, die ein aggressives Rollenmodell beobachteten, das weder belohnt noch bestraft wurde. Interessanterweise glich das Verhalten der Kinder in dieser Gruppe denjenigen, die ein Rollenmodell beobachteten, das belohnt wurde: Sie ahmten das aggressive Rollenmodell nach.

Dieses Experiment zum *Beobachtungslernen* hat nicht nur die Lerntheorie erweitert, sondern auch eine prominente Theorie zum Abbau von Aggressionen widerlegt. Der antike Philosoph Aristoteles glaubte, dass man Aggression abschwächen kann, wenn man Personen als Zuschauer Gewalt sehen lässt. Dieser Mechanismus des «Dampfablassens» wurde *Katharsis* genannt. Später hat Sigmund Freud diese Idee in seine Theorie eingebaut. Einfach gesagt, können Personen das Ausagieren von Aggression verhindern, indem sie aggressiven Akten zuschauen. Das Zuschauen hat die gleichen Wirkungen wie das Ausüben wirklicher Gewalt, ist aber weniger gefährlich für die Gesellschaft. Die Idee ist elegant, aber Banduras Studie hat sie widerlegt. In der Tat zeigen auch großangelegte Studien und historische Daten zur Beobachtung von Gewalt, dass Katharsis nicht wirkt. Im Gegenteil: Beobachtung von Gewalt kann bei Kindern und Jugendlichen spätere Gewaltausübung sogar fördern, was der Idee des «Dampfablassens» widerspricht.

Zusammengefasst zeigen die Studien zum latenten Lernen und Beobachtungslernen, dass Prinzipien der Konditionierung nicht ausreichen, um Verhalten zu erklären. Menschen reagieren nicht einfach auf ihre Umwelt, sondern handeln aufgrund der Interpretation der Situation. Ausdrücke wie *kognitive Landkarte*, *Gedächtnis* und *Beobachtungslernen* gehören in den Bereich der kognitiven Psychologie.

2. Die Blackbox wird gefüllt: Kognitive Psychologie

Nach dem Abitur entschied sich Adrian, Architekt zu werden. Er mag gedacht haben, dass das Risiko der Arbeitslosigkeit klein ist und die Aussichten auf ein gutes Salär rosig. Diese Art des Denkens wird *utilitaristisch* genannt und ist das Kennzeichen der rationalen Entscheidungsfindung. Menschen wägen Vorteile und Nachteile einer Handlung ab und entscheiden aufgrund des *größten erwarteten Nutzens*. Zwei Faktoren bestimmen den erwarteten Nutzen einer Handlung, die Erfolgswahrscheinlichkeit und der Wert einer Handlung. Für Adrian hat das Architekturstudium großen erwarteten Nutzen, wenn es wahrscheinlich ist, dass er die Prüfungen besteht und wenn er die Konsequenzen des Architektenberufs schätzt, zum Beispiel hohe Bezahlung oder Freude am Beruf. Diese Art der Rationalität heißt Zweckrationalität, weil Personen bei Entscheidungen darauf achten, die für einen bestimmten Zweck dienlichsten Mittel zu finden. Die Theorie nimmt an, dass Personen vollständige Information haben und diese auch gebrauchen, wenn sie den erwarteten Nutzen bestimmen.

In der traditionellen Ökonomie werden Menschen als Entscheidungsträger gesehen, die den größten erwarteten Nutzen ausrechnen, um die beste Handlungsoption zu finden. Menschen werden als *Maximierer* betrachtet. Wir werden gegen das Ende des Kapitels sehen, dass Menschen nicht immer in Übereinstimmung mit zweckrationalen Überlegungen handeln, sondern Heuristiken verwenden – Faustregeln, die zu Entscheidungen führen, die gut genug sind und Zeit sparen. In dieser Sicht sind Personen Genügsame (auch im Deutschen manchmal *«Satisficer»* genannt), die sich mit dem ersten Ergebnis begnügen, das zufriedenstellend ist.

Unabhängig davon, ob Menschen den erwarteten Nutzen

ausrechnen oder Heuristiken verwenden, ist das Entscheidende, dass Gedanken ihre Handlungen leiten. Da der Ausdruck «Denken» Teil der Blackbox im Behaviorismus war und deshalb nicht in seinem Vokabular vorkam, kam eine neue Art der Psychologie auf, die kognitive Psychologie.

Im Gegensatz zum Behaviorismus beschäftigt sich die kognitive Psychologie mit den mentalen Prozessen zwischen dem Erscheinen eines Reizes und der Verhaltensantwort. Kognitive Psychologen nahmen an, dass ein Reiz – der Input – zuerst wahrgenommen, dann kategorisiert und interpretiert wird, damit er im Gedächtnis gespeichert werden kann. Später wird die im Gedächtnis gespeicherte Information abgerufen, um Schlussfolgerungen, Urteile und Entscheidungen vorzubereiten, die einer Verhaltensantwort – dem Output – vorausgehen. Wir werden sehen, dass die Interpretation eines Reizes oder einer Situation das Verhalten entscheidend beeinflusst, was erklärt, warum zwei Personen in derselben Situation verschieden handeln können.

Kognition bedeutet die Aufnahme (oder Enkodierung), Speicherung, Manipulation und den Abruf von Information. Kognition beinhaltet geistige Aktivitäten wie Wahrnehmung, Kategorisierung, Gedächtnis, Denken, Sprache, Urteilen und Entscheiden. Man erinnere sich, dass die Behavioristen die Psychologie auf das Studium des Verhaltens beschränken wollten, weil sie dachten, dass innere, kognitive Prozesse nicht wissenschaftlich untersucht werden können. Allerdings erlaubte die Erfindung und Einführung des Computers in den 1950er Jahren, kognitive Prozesse gründlicher zu studieren.

Zu diesem Zweck diente die Annahme, dass das menschliche Gehirn eine Art Computer sei und die kognitiven Prozesse Programme. Das Hirn ist die Hardware und der Geist die Software. Psychologen können zwar kognitive Prozesse nicht direkt beobachten, aber sie können den Input – den wahrgenommenen Reiz – auf eine Weise manipulieren, dass der Output Informationen liefert, wie das Programm – die geistigen Prozesse – aussehen muss.

Wahrnehmung und Aufmerksamkeit

Der Erwerb von Information beginnt mit der Wahrnehmung von Objekten aus der Umwelt. Mit *Aufmerksamkeit* bezeichnet man den Prozess, mit dem unsere Ziele, Interessen oder Auffälligkeiten der Umwelt die Wahrnehmung auf bestimmte Objekte lenken. Wir diskutieren zuerst die Wahrnehmung und dann die Aufmerksamkeit.

Wahrnehmung

Zuerst nehmen wir ein Objekt wahr. Die Grenze, an der ein Mensch ein Objekt gerade noch wahrnehmen kann, wird *absolute Schwelle* genannt. Die menschlichen Wahrnehmungsfähigkeiten sind außerordentlich. Eine Person kann eine brennende Kerze in einer dunklen, klaren Nacht ohne andere Lichtquellen aus etwa 50 Kilometer Entfernung sehen oder eine Uhr in 6 Meter Abstand hören, wenn es ansonsten ruhig ist.

Wir nehmen nicht nur Objekte wahr, sondern auch andere Personen, vor allem Gesichter. Gesichtswahrnehmung ist speziell. Dafür gibt es dreierlei Evidenz – aus kognitiven, klinischen und neurowissenschaftlichen Untersuchungen. In einem mittlerweile klassischen Experiment verglichen Tanaka & Farah (1993) Gesichtswahrnehmung mit Objektwahrnehmung. Wenn Sie ein Foto von Antonia betrachtet haben und Sie sehen danach eine Nase ohne Gesicht, werden Sie nur mit Schwierigkeiten wiedererkennen können, ob es sich um Antonias Nase handelt. Es erleichtert Ihre Aufgabe, Antonias Nase korrekt zu erkennen, wenn Sie diese in ihrem Gesicht sehen. Diese Beobachtung zeigt, dass Menschen Gesichter als Ganzes verarbeiten. Wenn Sie hingegen ein Haus sehen und danach bloß ein Fenster, können Sie aufgrund dieses Ausschnitts fast so gut entscheiden, ob das Fenster zum Haus gehört, als würde Ihnen das Haus nochmals gezeigt wird. Gesichter sind speziell, weil sie als Ganzes wahrgenommen werden, während Objekte eher in ihre Teile aufgeschlüsselt werden.

Klinische Hinweise für den herausgehobenen Status der Gesichtswahrnehmung ergeben sich aus der «Gesichtsblindheit» oder *Prosopagnosie.* Personen, die an dieser Störung leiden, können keine Gesichter wahrnehmen. Im Alltagsleben scheinen diese Personen recht gut zurechtzukommen, da sie gesichtsunabhängige Hinweise – zum Beispiel die Stimme oder Kleidung – verwerten können, um eine andere Person wiederzuerkennen. Die Störung ist auf *menschliche* Gesichter beschränkt. Diese Tatsache wird deutlich an einem Mann, der nach mehreren Schlaganfällen an Prosopagnosie litt. Er entschied sich, eine Schafzucht aufzuziehen. Obwohl er unfähig war, die Gesichter seiner Verwandten zu erkennen, konnte er die Gesichter seiner Schafe perfekt auseinanderhalten (McNeil & Warrington, 1993).

Schließlich zeigten Hirnabbildungsstudien, dass ein bestimmter Teil des visuellen Systems im Gehirn spezialisiert ist für Gesichtswahrnehmung. Dieser Teil ist aktiviert, wenn Gesichter gezeigt werden, nicht aber bei Objekten oder Händen (Kanwisher, McDermott & Chun, 1997). All diese Untersuchungen lassen den Schluss zu, dass Gesichtserkennung speziell ist und sich von der Erkennung von Objekten oder anderen Körperteilen unterscheidet.

Aufmerksamkeit

Wenn wir die Umwelt wahrnehmen, richten wir unsere Aufmerksamkeit oft auf ein Objekt und vernachlässigen dabei andere. Aufmerksamkeit wurde von einigen Forschern als Filter gesehen, der schon zu Beginn der Informationsaufnahme alles herausfiltert, was irrelevant ist, so dass nur die relevante Information verarbeitet wird. Es gibt aber zwei Beobachtungen, die einem derart einfachen Filtermodell widersprechen. Die erste ist der *Cocktail-Party-Effekt.* Wenn Sie auf einer Party mit einer anderen Teilnehmerin reden, dann richten Sie Ihre Aufmerksamkeit voll auf Ihr Gegenüber und vernachlässigen all das, was um Sie herum passiert. Wenn aber Ihr Name genannt wird, dann hören Sie diesen und wenden die Aufmerksamkeit nun der anderen Konversation zu. Es kann also nicht sein, dass Information, auf die Sie eigentlich nicht achtgeben, herausgefiltert wird.

Die zweite Beobachtung ist der sogenannte *Stroop-Effekt*. In diesem berühmten Experiment werden einer Versuchsperson zwanzig blaue, rote, grüne und gelbe Rechtecke auf einer Seite präsentiert. Die Versuchsperson muss die korrekte Farbe so schnell wie möglich nennen. In einem zweiten Durchgang werden der Versuchsperson, die Wörter «BLAU», ROT», «GRÜN» und «GELB» präsentiert. Entscheidend ist, dass diese Farbwörter in Farben geschrieben sind, die nicht mit der Bedeutung der Wörter übereinstimmen. «BLAU» ist zum Beispiel in roter Schrift geschrieben, «GELB» in grüner und «ROT» in gelber. Wenn das Wort «BLAU» in roter Farbe erscheint, dann muss die Versuchsperson «Rot» sagen. Es zeigt sich, dass das Benennen der Farbe des mit «falscher» Farbe geschriebenen Wortes mehr Zeit braucht als das Benennen der Farben der Rechtecke. Da Lesen eine eingeschliffene Fertigkeit ist, können wir nicht die Bedeutung des Farbwortes herausfiltern, was das Benennen der Farbe des Wortes stört. Die meisten Personen können ihre Aufmerksamkeit nicht derart kontrollieren, dass sie das automatische Lesen des Farbwortes unterdrücken können.

Automatische Verarbeitung ist ein wichtiges Thema der kognitiven und der Sozialpsychologie. Automatische Prozesse sind hocheffizient; sie geschehen oft ohne Absicht und Kontrolle, wie wir beim Stroop-Effekt sehen.

Mit Absicht gesteuerte, kontrollierte und bewusste Prozesse sind präziser als automatische Prozesse, aber sie sind langsam. Dies führt zu einem Konflikt zwischen Geschwindigkeit und Genauigkeit. Im Hinblick auf eine zuvor gemachte Unterscheidung können wir sagen: Maximierer sind oft langsam, können aber hohe Genauigkeit erreichen. Genügsame hingegen können schnell sein, aber auf Kosten der Genauigkeit.

Gedächtnis

Seit den frühen 1990er Jahren hat *Project Innocence* in den USA erreicht, dass mehr als 300 gerichtliche Fehlurteile durch den Einbezug von DNA-Beweisen annulliert werden konnten. In mehr als 70 Prozent der Fälle spielten eine fehlerhafte Identifikation durch Augenzeugen eine entscheidende Rolle (siehe Wixted & Wells, 2017). Wie konnte das geschehen?

Als Erstes mögen wir denken, dass die Zeugen die genauen Gesichtszüge vergessen haben. Vergessen ist in der Tat ein wesentliches Merkmal des Gedächtnisses. Information wird vor allem in der Anfangszeit nach dem Enkodieren vergessen, wie am Ende des 19. Jahrhunderts Hermann Ebbinghaus festgestellt hat. Allerdings hat man auch festgestellt, dass Ereignisse nicht einfach ins Gedächtnis gelegt, dort gespeichert und unverändert abgerufen werden. Erinnern ist ein konstruktiver Prozess, bei dem Gedächtnisinhalte verändert werden können. Die Forschung hat gezeigt, dass dabei das Vorwissen eine Rolle spielt und Menschen sich Erinnerungen oft so zurechtlegen, dass sie den Ereignissen Sinn abgewinnen können. Frederic Bartlett (1932), ein englischer Pionier der Gedächtnispsychologie, hat gezeigt, dass Personen die Erinnerung an die Inhalte einer fremdartigen Geschichte so anpassen, dass sie die Geschichte verstehen können.

Die Idee, dass Erinnern ein konstruktiver Prozess ist, hat Konsequenzen für die Glaubwürdigkeit von Augenzeugen. Solange wir denken, dass das Gedächtnis ein Speicher ist, aus dem ein Zeuge einfach Information abrufen kann, erscheinen Augenzeugenberichte zuverlässig. Es zeigt sich aber, dass Augenzeugenberichte verformbar sind und zu falschen Verurteilungen führen können.

In der Tat ist es für Zeugen schwierig, Gesichter zu identifizieren (siehe Wixted & Wells, 2017); die Sicht ist oft nicht optimal, die Zeugen erleben enormen Stress und sehen auf die Waffe des Täters statt auf sein Gesicht. Auch der Zeitabstand zwischen Tat und Identifikation spielt eine Rolle. Wird ein Verdächtiger erst einige Monate nach der Tat gefasst, ist die Erinnerung von Zeugen an sein Gesicht verblasst.

Fehlidentifikation ist eine häufige Ursache von Fehlverurteilungen. Gewöhnlich werden zur Identifizierung des Täters rund sechs Personen vorgeführt, unter ihnen der Verdächtige, zusammen mit Personen, die nichts mit dem Verbrechen zu tun haben. Der Zeuge – oft das Opfer – wird in den Raum gebracht, um den Täter zu identifizieren oder auszusagen, dass sich der Täter nicht unter den hier anwesenden Personen befindet; es könnte immerhin sein, dass die Polizei den Falschen verdächtigt.

Wie soll man aber die Vergleichspersonen für die Gegenüberstellung auswählen, jene also, die mit dem Verdächtigen zusammen in der Reihe stehen? Wenn zum Beispiel fünf stämmige Polizisten mit einem hageren, des Diebstahls verdächtigen Drogenabhängigen in einer Reihe stehen, mag eine Zeugin Letzteren auswählen, weil er der Einzige ist, der überhaupt in Frage kommt. Eine Möglichkeit, das Problem zu umgehen, besteht darin, die Auswahl mit Personen zu wiederholen, die nicht Zeuge der Tat waren. Zeigen diese Unbeteiligten überzufällig oft auf den «Verdächtigen», ist etwas falsch mit der Auswahl; neue Vergleichspersonen müssen gefunden werden. Es gibt Hinweise, wonach es vorzuziehen ist, wenn die Vergleichspersonen der Beschreibung des Täters durch die Zeugen (statt dem Verdächtigen) gleichen. Entsprechen die Vergleichspersonen der Beschreibung, bleibt die Wahrscheinlichkeit gleich, dass eine Zeugin die Vergleichsperson wählt. Sieht hingegen die Vergleichsperson dem Verdächtigen ähnlich, dann sinkt die Wahrscheinlichkeit, dass die Zeugin den Täter identifiziert.

In diesem Unterkapitel haben wir gesehen, dass Gedächtnis ein konstruktiver Prozess ist, der eine entscheidende Rolle beim Verstehen einer Situation spielt, zum Beispiel als Augenzeuge. Nicht nur beim Erinnern beobachten wir jedoch Verzerrungen, sondern auch beim Beurteilen von Situationen.

Heuristiken und Urteilsverzerrungen

Als in einer Studie jeder der beiden Ehepartner gefragt wurde, wie viel der Hausarbeit sie selbst verrichten, ergab die Summe der Angaben der beiden Ehepartner mehr als 100 Prozent. Da es mehr als 100 Prozent Hausarbeit nicht gibt, hat mindestens einer der Ehepartner seinen Anteil überschätzt. Warum passiert dies? Als Erstes kommen motivationale Erklärungen in den Sinn, zum Beispiel, dass jeder Ehepartner sich im besten Licht sehen möchte. Man kann die verzerrten Einschätzungen allerdings durch rein kognitive Mechanismen erklären. Ich kann meine Arbeit im Haushalt leichter erinnern als die Haushaltsarbeit meiner Frau, was zu einer Überschätzung meines eigenen Anteils führt. Ich verwende die Leichtigkeit, mit der ich Information abrufen kann, als *Heuristik*, eine Faustregel, die Personen beim Urteilen und Entscheiden verwenden, um Zeit zu sparen. Heuristiken werden oft gebraucht, wenn eine Person entweder über wenig Information verfügt oder nicht motiviert ist, über eine Entscheidung lange nachzudenken. Sie sind schnell und normalerweise gut genug, um im Alltag zurechtzukommen, können manchmal aber auch zu *Urteilsverzerrungen* führen, die systematisch von der korrekten Einschätzung abweichen. Psychologen haben einige Heuristiken untersucht und verschiedene Urteilsverzerrungen gefunden (siehe Tversky & Kahneman, 1974).

Wenn Personen ihr Urteil auf der erlebten Leichtigkeit des Abrufs von Information gründen, spricht man von der *Verfügbarkeitsheuristik*. Amos Tversky und Daniel Kahneman (1973) illustrierten diese Heuristik mit dem folgenden Experiment: Teilnehmern wurde eine Liste mit Namen von 19 berühmten Männern und 20 weniger berühmten Frauen vorgelesen, oder umgekehrt. Später musste etwa die Hälfte der Versuchsteilnehmer beurteilen, ob mehr Namen von Männern oder von Frauen auf der Liste aufgeführt waren; die andere Hälfte musste die Namen abrufen. Versuchsteilnehmer, die die Namen von berühmten Männern gehört hatten, glaubten, dass mehr Männer auf der Liste verzeichnet waren; bei Teilnehmern, denen die Namen von berühmten Frauen vorgelesen waren, verhielt es sich genau umgekehrt, obwohl die Liste immer weniger Namen berühmter Personen enthielt. Überdies erinnerten die Teilnehmer auch mehr berühmte als weniger berühmte Namen. Tversky und Kahneman schlossen, dass die Teilnehmer die Leichtigkeit nutzten, mit der sie die Namen abrufen konnten, um die Häufigkeit männlicher und weiblicher Namen einzuschätzen. Da berühmte Namen leichter abgerufen werden konnten, dachten die Teilnehmer, dass jenes Geschlecht häufiger auf der Liste war, dessen Namen berühmte Personen bezeichnete (für eine Übersicht weiterer Studien siehe Reber, 2016).

Heuristiken führen oft zu *Urteilsverzerrungen* (im Englischen benutzt man kurz und elegant das Wort «*Bias*»), wie die Studie von Ross und Sicoly (1979) über die Überschätzung des Anteils der Hausarbeit bei verheirateten Paaren zeigt. Überschätzung eigener Leistungen oder positiver persönlicher Eigenschaften wie Gesundheit oder Erfolg ist eine sehr häufig anzutreffende Urteilsverzerrung.

Zu Beginn dieses Kapitels wurde die Annahme erläutert, dass Menschen rationale Entscheider sind, die vollständige Information besitzen, um den erwarteten Nutzen zu errechnen. Nun sagt uns aber die Verfügbarkeitsheuristik, dass die verfügbare Information nicht unbedingt genau ist. Deshalb können Entscheidungen, die mithilfe der Verfügbarkeitsheuristik gefällt wurden, falsch oder zumindest unpräzise sein. In diesem Fall können Individuen nicht vollständig rationale Entscheidungen treffen. Ein anderes Kriterium für Rationalität ist Invarianz. Sind alle Informationen für eine Entscheidung gegeben, dann sollte es keinen Unterschied machen, wie das Problem beschrieben wird (Kahneman, 2011). Allerdings zeigt sich, dass Personen die Annahme der Invarianz verletzen. Sie lassen sich von Beschreibungen gleichartiger Probleme beeinflussen, wie die Kontrollillusion und der Status-quo-Effekt zeigen.

In einer klassischen Demonstration der *Kontrollillusion* erhielten Büromitarbeiter die Gelegenheit, ein Los für einen Dollar zu kaufen. Die Hälfte der Käufer konnte sich das Los aus einem Bündel Lose auswählen, während der anderen Hälfte der Käufer ein Los vom Versuchsleiter ausgehändigt wurde. Einige Tage später kam der Versuchsleiter zurück und erzählte den Käufern, dass andere Büromitarbeiter gerne an der Lotterie teilnähmen, dass aber die Lose ausgegangen seien. Der Versuchsleiter fragte, zu welchem Preis die Käufer bereit wären, ihr Los zu verkaufen. Käufer, die ihr Los hatten aussuchen können, verlangten 8,67 $; Käufer, denen das Los ausgehändigt wurde, dagegen 1,96 $ (Langer, 1975). Es handelt sich hier um eine Kontrollillusion, weil die Käufer dachten, dass das Los mehr wert sei, wenn sie Kontrolle über die Wahl des Loses gehabt hatten. Dies war aber nicht der Fall, da jedes Los gleich wahrscheinlich zu einem Gewinn führte. Die Kontrollillusion fordert die Annahme heraus, dass Menschen rational denken, weil das Urteil dem Kriterium der Invarianz widerspricht. Der erwartbare Gewinn eines Loses ist nämlich der Gleiche, unabhängig davon, ob man es selbst auswählt oder ob es dem Käufer gegeben wird.

In ähnlicher Weise entsteht der *Status-quo-Effekt* dadurch, dass Personen bei einer identischen Auswahl jene Option wählen, die vorgegeben wird. Ein dramatisches Beispiel dieser Verzerrung zeigt sich bei Organspenden. In Ländern, in denen man ausdrücklich sagen muss, Organe nach dem Tod spenden zu wollen, sind weniger als 30 Prozent aller Erwachsenen als Organspender registriert. In Ländern, in denen man automatisch Organspender ist und seinen Widerspruch ausdrücken muss, spendet eine Mehrheit Organe, oft mehr als 90 Prozent der erwachsenen Bevölkerung eines Landes (Johnson & Goldstein, 2003). Auch der Status-quo-Effekt verletzt die Annahme der Invarianz. Ob man die Organspende ausdrücklich bestätigen oder ablehnen muss, sollte an der Entscheidung nichts ändern.

Aus der Erforschung von Heuristiken und Urteilsverzerrungen entstand eine Forschungsrichtung, die die ökonomische Sicht von Menschen als rationale Entscheider herausforderte (Kahneman, 2011). In der Tat handeln Individuen oft im Widerspruch zu rationalen Prinzipien. Werden Menschen dadurch irrational? Im Alltagsleben scheinen Heuristiken meist zufriedenstellende Lösungen zu erbringen, können aber unter speziellen Umständen in die Irre führen. Herbert Simon (1990) führte den Begriff *«begrenzte Rationalität» (bounded rationality)* ein, um die Tatsache zu beschreiben, dass Menschen Handlungsergebnisse nicht maximieren, wie die rationale Entscheidungstheorie annimmt, sondern sich mit einer Lösung begnügen, die gut genug ist.

Ein gutes Beispiel von «Satisficing» sind Kaufentscheidungen. Wenn Personen in ein neues Land ziehen und zwischen verschiedenen neuen Zahnpastamarken wählen müssen, dann bewerten sie kaum alle Marken nach allen möglichen Qualitätskriterien, sondern entscheiden danach, ob die Zahnpasta Fluor enthält und gut schmeckt.

Lassen Sie uns zu Adrians Entscheidung zurückkommen, Architekt zu werden. Kognitive Theorien nehmen an, dass er die Argumente für und wider das Architekturstudium abgewogen hat. Allerdings mag sein Nachdenken über Argumente anfällig für Urteilsverzerrungen sein, so dass er seine Erfolgsaussichten zu optimistisch beurteilt. Nun hängt aber Adrians Entscheidung nicht nur davon ab, was er denkt. Auch die Motivation spielt eine entscheidende Rolle. Dies führt zum Thema des nächsten Kapitels.

3. Was steuert das Verhalten? Motivation und Emotion

Wenn Personen handeln, wollen wir den Grund dafür wissen. Warum lernt Johannes fleißig für die Schule, aber Kevin nicht? Die Antwort könnte sein: Motivation, abgeleitet vom Wunsch, Bedürfnisse zu befriedigen. *Motivation* ist die Triebkraft, die unser Handeln leitet. Sie erzählt uns, *warum* Personen sich so verhalten, wie sie es tun. In der Alltagssprache wird der Begriff Motivation oft zirkulär verwendet. Zum Beispiel mögen Johannes' Lehrer sagen, dass er so fleißig lernt, weil er motiviert sei, ein ausgezeichneter Schüler zu sein. Zur gleichen Zeit mögen sie aber schlussfolgern, dass man Johannes' Motivation, ein ausgezeichneter Schüler zu sein, daran sehe, dass er so fleißig lerne. Diesen Gebrauch des Begriffs *Motivation* nennt man zirkulär. Wenn wir aussagen, dass *Verhalten A* durch eine *Motivation B* verursacht sei, können wir nicht gleichzeitig *Motivation B* aus *Verhalten A* erschließen. Die *Motivation B* muss unabhängig vom Verhalten erhoben werden, das sie angeblich verursacht.

Grundlegende Bedürfnisse und Motivation

Frühe Theorien der Motivation nahmen an, dass Menschen über biologische Anlagen verfügten, in gewissen Situationen festgelegte Verhaltensweisen zu zeigen. Dies ist eine *Instinkttheorie* der Motivation. Im Tierreich sind Instinkte üblich. Zum Beispiel folgen junge Gänse dem ersten sich bewegenden Objekt, das sie sehen, normalerweise die Mutter (Lorenz, 1937). Solche festgelegten und automatischen Reaktionen auf einen auslösenden Reiz sind biologisch verankert und treten in jedem Individuum einer Art auf; sie sind nicht erlernt und können nicht durch Lernen verändert werden.

Im Gegensatz zur Verhaltensbiologie der Tiere erwies sich der

Instinktbegriff als fruchtlos in der Psychologie des Menschen. Am Anfang führten Psychologen nur wenige grundlegende Instinkte ein, zum Beispiel Futtersuche oder Paarung; später suchten sie nach immer mehr Instinkten, um menschliches Verhalten erklären zu können. Bis 1924 hatten Psychologen über 14 000 verschiedene Instinkte vorgeschlagen.

Menschliches Verhalten ist komplexer als einfache Reaktionen auf auslösende Reize. Den angeblichen Instinkten dürften ausgefeilte Mechanismen zugrunde liegen. Außerdem brauchten «Instinktpsychologen» zirkuläre Definitionen. Wenn gefragt wurde, warum eine Mutter für ihr Kind sorgt, war die Antwort: Mutterinstinkt. Wenn man fragte, wie man denn wisse, dass es sich um Mutterinstinkt handle, war die Antwort: Wir sehen doch, dass die Mutter für das Kind sorgt. Aus all diesen Gründen wird der Begriff Instinkt nicht länger gebraucht, um menschliches Verhalten zu erklären.

Ein anderer Zugang zum Begriff Motivation geht davon aus, dass Menschen Bedürfnisse haben, zum Beispiel Hunger und Durst. Es ist für das Überleben wesentlich, solche Bedürfnisse zu befriedigen. Menschen müssen sich Energie zuführen, um den Energieverbrauch für ihre täglichen Tätigkeiten auszugleichen. Isst eine Person nicht genug, entsteht ein Trieb. Ein *Trieb* ist eine innere Spannung, die einen Organismus antreibt, die Kluft zwischen dem optimalen Zustand (gesättigt) und dem aktuellen Zustand (hungrig) zu schließen und damit einen ausgeglichenen Zustand wiederherzustellen. Dies ist die *Triebreduktionstheorie* nach Clark Hull (1943). Hull war ein Behaviorist, der Lernprinzipien mit der Triebtheorie kombinierte. Wenn eine Ratte Hunger hat, will sie Futter bekommen. Drückt ein Tier in einer Skinner-Box den Hebel und bekommt Futter, dann ist die Belohnung an die Reduktion der Spannung geknüpft, die der Hunger verursacht hat, und führt damit zur Reduktion des Triebes. Für Hull ist Verstärkung Triebreduktion, und jedes Verhalten, das einen Trieb reduziert, wird deshalb wiederholt.

Allerdings leiden Triebtheorien, wie auch Instinkttheorien, an zirkulären Definitionen, wenn man über unumstrittene Be-

Abbildung 1: Maslows Bedürfnispyramide

dürfnisse wie zum Beispiel Nahrung, Wasser und Sexualität hinausgeht. Obwohl der Begriff Trieb aus Freuds Psychoanalyse bekannt ist, wird er in modernen wissenschaftlichen Motivationstheorien nicht mehr verwendet. Was überlebt hat, ist der Begriff *Bedürfnis*.

Die berühmteste Bedürfnistheorie der Motivation stammt von Abraham Maslow (1943) in Form einer *Bedürfnishierarchie* (Abbildung 1). An der Basis finden sich grundlegende Bedürfnisse wie Hunger, Durst und Sex. Es folgen die Sicherheitsbedürfnisse, zum Beispiel ein Dach über dem Kopf und Schutz vor Schmerz. Die sozialen Bedürfnisse umfassen Liebesbeziehung, Familie und Freundschaften. Wertschätzung ist bezogen auf Leistung und Anerkennung. An der Spitze von Maslows Pyramide steht das Bedürfnis nach Selbstverwirklichung, das die Erfüllung des Potenzials einer Person beinhaltet. Eine solche Person ist nach Maslow idealerweise selbständig, offen für neue Erfahrungen und in ihrem Denken unabhängig. Neben der Kultivierung der Kreativität und hoher demokratischer Ideale strebt eine selbstverwirklichte Person nach Sinn, innerer Akzeptanz und Verstehen.

Maslow nahm an, dass ein in der Hierarchie tieferliegendes Bedürfnis grundlegender ist. Ein höheres Bedürfnis kommt nur dann auf und kann erst dann angegangen werden, wenn die grundlegenderen Bedürfnisse befriedigt sind. Zum Beispiel dürfte eine Person sich erst dann um ihre Sicherheit kümmern, wenn sie nicht mehr Hunger oder Durst verspürt; Obdachlose und Einsame denken nicht an Anerkennung oder gar Selbstverwirklichung. Obwohl dies eine plausible Annahme scheint und die Populärkultur beeinflusste, löste die Bedürfnishierarchie wenig Forschung aus; es gibt wenig Evidenz, die Maslows Annahmen stützt. Allerdings führte die Bedürfnishierarchie zur Selbstbestimmungstheorie, nachdem empirische Befunde zentralen Annahmen des Behaviorismus widersprachen.

Nach behavioristischen Prinzipien reagieren Menschen auf Belohnung und Bestrafung; dies sind Quellen der Motivation, die außerhalb der Person liegen, im Falle von Belohnung zum Beispiel Geld, Lob, Ehre und Macht. Deshalb wird diese Form der Motivation *extrinsische Motivation* genannt. Im Gegensatz dazu bezieht sich *intrinsische Motivation* auf Aktivitäten, die um ihrer selbst willen verfolgt werden, zum Beispiel das Spiel eines Kindes oder ein Hobby.

Den Kern der *Selbstbestimmungstheorie* bilden drei grundlegende, angeborene Bedürfnisse, die menschliches Verhalten intrinsisch motivieren (siehe Deci & Ryan, 1985). Das erste, das *Bedürfnis nach Autonomie*, bedeutet, dass Personen ihr eigenes Verhalten bestimmen wollen. Individuen werden dadurch motiviert, dass sie wissen, dass sie selbst bestimmen können, was sie tun. Das zweite, das *Bedürfnis nach Kompetenz*, erinnert uns an Maslows Bedürfnis nach Wertschätzung und bedeutet, dass Personen ihre Fähigkeiten zeigen und anwenden wollen. Das dritte, das *Bedürfnis nach Zugehörigkeit*, bedeutet, dass Personen zu einer Familie oder Gruppe gehören und von dieser akzeptiert werden wollen, was unter Maslows soziale Bedürfnisse fällt. Individuen sind deshalb motiviert, Tätigkeiten auszuüben, die die Bindung zu einer Gruppe stärken.

Die Selbstbestimmungstheorie hat viel Forschung inspiriert und ist beliebt bei Erziehern, weil sie verspricht, dass etwa Studenten aufrichtig motiviert sein können, ohne dass Lehrer Belohnung oder Zwang einsetzen müssen. Heute werden Techniken der Motivation erforscht, die Lernmaterialien personalisieren oder Schüler das Lehrmaterial auswählen lassen, damit es den persönlichen Interessen möglichst angepasst ist. Im Sinne kognitiver Theorien kann man den Nutzen betonen, den Wissen für das Alltagsleben oder den Traumberuf eines Kindes hat, oder den Lernstoff den Interessen eines Kindes anpassen (siehe Reber, Canning & Harackiewicz, 2018).

Kommen wir auf die Beispiele am Anfang des Kapitels zurück. Kevin mag nicht motiviert sein, weil sein Lernen zu wenig selbstbestimmt ist oder er nicht einsieht, welchen Nutzen das Lernen für seinen Alltag hat. Johannes lernt wie von selbst, weil er in der Schule seine Kompetenz zeigen kann und sieht, wie dieses Wissen für seinen Traumberuf von Nutzen sein kann.

Was ist die Motivation, wenn Lisa lange Umwege geht, um Hunde zu meiden? Offensichtlich Furcht. Wie wir sehen werden, beinhalten Emotionen eine Handlungstendenz und motivieren deshalb Verhalten.

Was ist eine Emotion?

Im Alltagsleben haben wir kein Problem zu verstehen, was die Aussage «Lisa fürchtet Hunde» bedeutet. In der Wissenschaft hatte man mehr Mühe, sich einen Reim auf Begriffe wie Furcht und Emotion im Allgemeinen zu machen. Wenn Lisa einem Hund begegnet, so nehmen wir normalerweise an, dass sie wegrennt, weil sie sich fürchtet. William James (1884), einer der Gründerväter der Psychologie, forderte den gesunden Menschenverstand heraus, indem er postulierte, dass Lisa nicht vom Hund wegrennt, weil sie sich fürchtet, sondern sich fürchtet, weil sie vom Hund wegrennt. Lisa (1) sieht einen Hund, (2) rennt weg und (3) zeigt körperliche Reaktionen, z. B. Schwitzen, Herzklopfen und ein Grummeln in der Magengegend. Diese Reaktionen gehen von inneren Organen aus; für Emotionen besonders relevant sind das Herz und die Verdauungsorgane. Nach James *sind* diese körperlichen Reaktionen, die das Wegrennen begleiten, die Furcht, nicht nur ein Ausdruck der Furcht. Da dieselbe Theorie zu etwa derselben Zeit unabhängig vom dänischen Arzt Carl Lange formuliert worden war, wurde sie bekannt unter dem Namen *James-Lange-Theorie* der Emotion.

Der Physiologe Walter Cannon (1927) kritisierte aufgrund verschiedener empirischer Befunde die James-Lange-Theorie scharf. Er nannte fünf Punkte.

Erstens müsste nach der James-Lange-Theorie die Trennung von Hirn und dem Rest des Körpers verhindern, dass ein Tier die körperlichen Reaktionen zeigen kann, die eine Emotion ausmachen; ein solches Tier sollte keine Emotion fühlen. Allerdings zeigte sich in Studien mit Hunden und Katzen, dass eine totale Trennung der inneren Organe vom Hirn emotionale Antworten nicht wesentlich veränderte. Spätere Studien zeigten auch, dass Personen mit einer Rückenmarksverletzung Emotionen mit ähnlicher Intensität verspürten wie Personen mit intaktem Rückenmark. Zweitens sollten körperliche Reaktionen emotionsspezifisch sein; es sollte also je einen spezifischen körperlichen Zustand geben für Furcht, Ärger, Freude, etc. Allerdings können identische Körperzustände bei unterschiedlichen emotionalen und nichtemotionalen Zuständen vorkommen. Drittens, wenn die inneren Organe Gefühle verursachten, dann müssten diese Organe sehr empfindlich sein. Allerdings sind gerade die Verdauungsorgane ziemlich unempfindlich; sie haben nur wenige Rezeptoren, um Nervensignale zu empfangen. Deshalb können die inneren Organe nicht für den Reichtum an Gefühlen verantwortlich sein. Viertens werden Emotionen sofort gefühlt, während die Veränderungen der inneren Organe zu langsam vonstattengehen, um Emotionen zu verursachen.

Die letzte Annahme der James-Lange-Theorie besagt, dass die Injektion von Adrenalin, einem Stoff, der die inneren Organe aktiviert, zu starken Emotionen führen sollte. Eine Studie von Marañon (1924) zeigte, dass dies normalerweise nicht der Fall ist. Allerdings fand er eine Ausnahme: Wenn die Teilnehmer über ein stark emotionales Ereignis nachdachten, zum Beispiel den Tod der Eltern oder eine ernsthafte Erkrankung ihres Kindes, dann berichteten sie, eine Emotion zu verspüren. Diese Beobachtung führte zur *Zweifaktorentheorie* der Emotion (Schachter & Singer, 1962). Sie besagt, dass Menschen physiologische Aktivierung verspüren und diese erklären müssen. Deshalb interpretieren sie die Situation dahingehend, ob sie positiv oder negativ ist. Dementsprechend wird das Gefühl positiv oder negativ sein. Die physiologische Erregung bewirkt, *dass* es zum Erleben einer Emotion kommt; die kognitive Interpretation der Situation bestimmt, *welche* Emotion erlebt wird.

An der Zweifaktortheorie wird hauptsächlich kritisiert, dass wir im Alltag selten eine physiologische Aktivierung verspüren und diese erklären müssen. Meist ist aus der Situation heraus klar, wie diese bewertet werden muss. Diese Bewertung scheint dann zu physiologischer Aktivierung und dem Erleben einer Emotion zu führen. Die Zweifaktortheorie ist also nicht falsch, erklärt aber nur einen Bruchteil der Fälle, wie eine Emotion entsteht (Reisenzein, 1983).

Während die Zweifaktorentheorie eine Emotion als Resultat der kognitiven Interpretation einer unerklärten physiologischen Aktivierung sah, definieren *Bewertungstheorien* den Begriff Emotion als einen Zustand mit mehreren Komponenten. Eine der bekanntesten Bewertungstheorien wurde von Klaus Scherer (1984) entwickelt. Er nahm an, dass jede Emotion spezifische Komponenten hat: eine kognitive Komponente, die die Interpretation und Bewertung der Umgebung beinhaltet; eine physiologische Komponente, die der Regulation der körperlichen Funktionen dient; eine Gefühlskomponente, die mentale Prozesse widerspiegelt und diese überwacht; die Ausdruckskomponente, die die Kommunikation der Emotion an die Außenwelt steuert; und schließlich die Handlungstendenz, die der Vorbereitung einer Verhaltensantwort dient.

Laut den Bewertungstheorien bestimmt die kognitive Komponente die Art der Emotion – also Freude, Furcht, Ärger oder Trauer –, was mit den Annahmen der Zweifaktortheorie übereinstimmt. Dieselbe Situation lässt sich auf unterschiedliche Art interpretieren und kann deshalb zu unterschiedlichen Emotionen führen. Die Bewertungstheoretiker hingegen konnten sich auf eine Evidenz stützen, die über die Zweifaktortheorie hinausgeht. Danach beeinflusst die kognitive Interpretation der Situation die physiologische Aktivierung. Solche Befunde widersprechen der Annahme der Zweifaktortheorie, dass die physiologische Aktivierung zuerst kommt und erst danach die kognitive Bewertung.

In einer bekannten Studie (Speisman, Lazarus, Mordkoef and Davison, 1964) sahen Versuchsteilnehmer einen Film über ein Ritual, das die Verstümmelung von Geschlechtsteilen beinhaltete. Der gesprochene Kommentar zum Film ermutigte die eine Gruppe der Teilnehmer, den Film aus der distanzierten Sicht eines Wissenschaftlers zu betrachten, der an den technischen Aspekten des Ereignisses interessiert ist. Eine zweite Gruppe wurde dazu ermuntert, die durch das Ritual verursachten Verletzungen und Schmerzen zu negieren. Diese beiden Gruppen zeigten weniger physiologische Aktivierung während des Films als eine Kontrollgruppe, die einen Kommentar hörte, der die traumatischen Konsequenzen des Rituals betonte. Die Betrachtung des Rituals aus einer wissenschaftlichen Warte und das Negieren negativer Konsequenzen verringerten sowohl die physiologische Aktivierung als auch die Intensität der Emotion.

Bewertungstheoretiker nehmen an, dass Individuen nicht nur die Situation als positiv oder negativ bewerten, sondern auch fragen, ob sie ihre Ziele erreichen oder Bedrohungen abwehren können. Das wird *Bewältigungspotenzial* oder auch *Coping-Potenzial* genannt. Schauen wir uns ein Beispiel an. Was ist der Unterschied zwischen Ärger und Furcht? Bei beiden Emotionen nehmen Personen eine absichtlich herbeigeführte Bedrohung wahr, die eine laufende Tätigkeit unterbricht und die Verfolgung eines Ziels stört. Insoweit basieren Ärger und Furcht auf den gleichen Bewertungen. Die Differenz liegt im Bewältigungspotenzial. Wenn eine Person denkt, sie habe das Potenzial, die Bedrohung abzuwehren, wird sie Ärger fühlen, der die Handlungstendenz beinhaltet anzugreifen. Denkt die Person hingegen, sie könne die Situation nicht bewältigen, wie zum Beispiel Lisa, wenn sie einen Hund sieht, dann wird sie Furcht erleben, die die Handlungstendenz beinhaltet zu fliehen. Der Handlungstendenz entsprechend unterscheiden sich Ärger und Furcht auch im Gesichts- und Körperausdruck. Der Ausdruck von Ärger bereitet eine Person zum Angriff vor; der Ausdruck von Furcht bereitet sie zur Rückwärtsbewegung und zum Rückzug vor.

Bewertungstheorien nehmen an, dass die Interpretation und Bewertung der Situation eine Emotion bestimmt. Sie haben plausible Annahmen dafür, wie eine Emotion aus höheren kognitiven Prozessen, etwa Interpretationen und Bewertungsurteilen, entsteht. Nun scheint es aber paradox zu sein, dass komplexe kognitive Prozesse grundlegende Emotionen bestimmen sollen, weiß man doch, dass auch Tiere wie Hunde und Katzen etwa Furcht ausdrücken.

Wie wir gesehen haben, nahmen Bewertungstheoretiker an, dass Furcht sich aus einem Prozess der Bewertung der Situation ergibt, wonach eine Bedrohung vorhanden ist, die die Person nicht bewältigen kann. In neuerer Zeit haben Neurowissenschaftler postuliert, dass Menschen und Tiere ein *Furchtmodul* besitzen, das sofort aktiviert wird. Dies ist möglich, weil eine schnelle Nervenbahn zur *Amygdala* führt, einem wichtigen Zentrum im Gehirn, in dem Emotionen verarbeitet werden. Wenn eine Person eine Schlange sieht, geht die Information zum Thalamus, von dem Informationen in zwei Nervenbahnen weitergeleitet werden, einer schnellen direkt zur Amygdala und einer langsamen zum visuellen Teil des Hirns, in dem bestimmt wird, um welches Objekt es sich handelt. Deshalb erreicht Information über unmittelbare Gefahr die Amygdala, bevor eine Person weiß, dass es eine Schlange ist (LeDoux, 1996). Da es wichtig ist, schnell zu reagieren, ist das Furchtmodul so gebaut, dass wir nicht zuerst schauen, ob es sich wirklich um eine Schlange handelt. Da wir an einem Schlangenbiss sterben können, nehmen wir gerne in Kauf, wenn sich das furchteinflößende Objekt als ein Zweig entpuppt.

Wenn wir zur Frage von William James zurückkehren, was eine Emotion sei, dann haben wir bisher unterschiedliche Antworten gefunden. James nahm an, dass die Emotion das Spüren der körperlichen Reaktion sei – Lisa hat Angst, weil sie von Hunden davonrennt und gleichzeitig ihr Herz rast. Diese Theorie wurde später von Cannon widerlegt. Allerdings zeigte eine Untersuchung – jene von Marañon (1924) –, dass physiologische Aktivierung dann zu einer Emotion führt, wenn eine Person an ein stark emotionales Ereignis denkt. Dies führte zur Zweifaktorentheorie der Emotion, die an sich nicht falsch ist, aber eine Situation erklärt, wie wir sie im Alltag selten antreffen. Dem Alltag näher stehen kognitive Bewertungstheorien, die annehmen, dass die Emotion aus der Bewertung der Situation und des Bewältigungspotenzials entsteht. Schließlich haben neuere Theorien die Bewertungstheorien herausgefordert, vor allem, wenn es um Furcht geht. Diese neueren Theorien beziehen sich auf das Gehirn.

4. Gehirn und Gene

Das am Schluss des letzten Kapitels diskutierte Furchtmodul ist Teil des Gehirns. Verhalten, Denken und Fühlen sind in der menschlichen Biologie verankert. Im ersten Abschnitt dieses Kapitels diskutieren wir das Verhältnis von Gehirn und Geist. Der zweite Abschnitt erläutert Methoden der Hirnforschung, vor allem die bildgebenden Verfahren. Den Schluss bildet eine Betrachtung der Vererbung von Verhalten und geistigen Funktionen.

Gehirn und Geist

Am Ende des letzten Kapitels haben wir gesehen, dass Prozesse im Gehirn erklären helfen, warum wir vor einer Schlange zurückweichen, bevor wir wissen, ob es überhaupt eine Schlange ist. Zwei Elemente der Reaktion auf die Schlange sind die Aktivierung der Amygdala und das Erleben von Furcht. Die Frage kommt auf, wie denn die Aktivierung der Amygdala zum Erleben von Furcht führen kann. Allgemeiner formuliert, wie kann ein Hirnprozess einen geistigen Prozess auslösen? Aber auch nach der Umkehrung ist zu fragen. Auf einer Wanderung will ich auf einen bestimmten Baum zeigen und bewege meinen Zeigefinger. Wie kann meine Absicht, auf den Baum zu zeigen, Hirnareale und Muskeln kontrollieren? Allgemeiner formuliert, wie kann ein geistiger Prozess Hirnprozesse auslösen? In der modernen Psychologie gibt es zwei hauptsächliche Ansichten, mit der zurzeit das Verhältnis zwischen Gehirn und Geist erklärt wird, Dualismus und Materialismus.

Dualismus von Geist und Gehirn bedeutet, dass man sich Geist und Gehirn als voneinander getrennt vorstellen muss. Furcht und Absichten gehören zum Geist, Aktivierung der Amygdala und Hirnareale, die Muskelbewegungen kontrollieren, zum Gehirn. Trotz der Beliebtheit des Dualismus gibt es die ungelöste Frage, wie geistige Prozesse in Hirnprozesse übersetzt werden können und umgekehrt (Chalmers, 1996). Es gibt keinen bekannten Mechanismus, der erklären könnte, wie die Aktivierung der Amygdala das Gefühl der Furcht auslöst oder wie meine Absicht, den Finger zu bewegen, zur Aktivierung des Fingermuskels führt.

Da es unmöglich scheint, eine Antwort auf die Frage zu finden, wie Geist und Gehirn interagieren, denken einige Theoretiker, dass es so etwas wie geistige Prozesse gar nicht gibt. Was wir in der Alltagssprache «sehen», «denken» und «fühlen» nennen, sind nichts anderes als Hirnprozesse. Diese Sicht – *Materialismus* genannt – nimmt an, dass alle Geistesprozesse Nebenprodukte von Hirnprozessen sind und letztlich biochemisch erklärt werden können.

Fragen der Interaktion zwischen Geist und Gehirn wurden erforscht. Schauen wir zwei Beispiele an: Das erste betrifft die Beziehung von Absicht und Bewegungsvorbereitung im Gehirn, mit Auswirkungen auf die Frage nach dem freien Willen; das zweite die Rolle von Erwartungen für die Schmerzlinderung, den sogenannten Placebo-Effekt.

Laut einer allgemeinen Annahme haben Personen Absichten und handeln danach. Zum Beispiel hat Dora zuerst die Absicht, den Finger zu bewegen, und bewegt dann ihren Finger. Die knifflige Frage ist aber, wie Doras Absicht zur Bewegung des Fingers führt. Eine klassische Studie zu dieser Frage stammt von Benjamin Libet (1985). Seine Versuchsteilnehmer saßen vor einer Uhr mit einem Zeiger, der sich sehr schnell bewegte. Er instruierte die Versuchsteilnehmer, ihm zu sagen, bei welcher Position des Zeigers sie die Absicht hatten, den Finger zu bewegen. Gleichzeitig maß er sogenannte Bereitschaftspotenziale, das heißt, Hirnsignale im Zusammenhang mit der Vorbereitung von Bewegungen. Mit dieser Technik konnte Libet den Zeitpunkt von Doras Absicht mit dem Zeitpunkt vergleichen, an dem sie die Bewegung vorzubereiten begann. Aus unserer Alltagserfahrung erwarteten wir, dass Dora zuerst die Absicht hat, den Finger zu bewegen und dann das Gehirn den Befehl zur Bewegung des Fingers vorbereitet. Im Gegensatz zu den Annahmen des gesunden Menschenverstandes fand Libet, dass die Vorbereitung der Bewegung etwa 300 Millisekunden vor der Absicht einsetzte! Dieser Befund führte einige Psychologen und Philosophen zur Annahme, dass der freie Wille eine Illusion sei. Menschen würden lediglich denken, sie hätten eine Absicht und handelten danach; tatsächlich sei die Handlung vorbestimmt und die Absicht nur ein *Epiphänomen*, das heißt ein Ereignis ohne weiteren Einfluss auf unsere Handlungen. Allerdings fand Libet auch, dass die Versuchsteilnehmer bis etwa 150 Millisekunden nach der bewussten Absicht den Handlungsverlauf noch ändern konnten, so dass die Vorbereitung der Handlung spätere Korrekturen nicht ausschließt. Die theoretische Diskussion über den freien Willen ist immer noch im Gange.

Eine mehr praxisbezogene Frage ist, wie die bloße Erwartung, dass ein Schmerzmittel wirksam ist, meinen Schmerz vermindert. Selbst wenn Ärzte ein *Placebo* verschreiben, das keinerlei Wirkmittel gegen Schmerz enthält, fühlen Patienten in der Regel weniger Schmerz, nachdem sie das Mittel eingenommen haben. *Placebo-Effekte* können auf zwei Arten erklärt werden. Erstens durch klassisches Konditionieren. Schon Iwan Pawlow (1927) berichtete von der Beobachtung eines Kollegen, wonach ein Hund nach einer Morphium-Injektion erbrechen musste. Als der Versuchsleiter zu einem späteren Zeitpunkt die Spritze vorbereitete und damit den Hund berührte, noch bevor Morphium gespritzt wurde, litt der Hund wieder an heftiger Übelkeit. Laut der in Kapitel 1 eingeführten Terminologie, ist Morphium hier der unkonditionierte Reiz, der das Erbrechen als unkonditionierte Reaktion hervorgerufen hat. Später genügte der bloße Anblick der Spritze (der konditionierte Reiz), um den Brechreiz (die konditionierte Reaktion) erneut hervorzurufen. Spätere Forschung bestätigte, dass klassisches Konditionieren Placebo-Effekte erklären kann. Um auf die Frage am Beginn des Abschnittes zurückzukommen: Wenn ich eine Substanz (unkonditionierter Reiz) schlucke, die meinen Schmerz vermindert (unkonditionierte Reaktion), dann sehe ich Form und Farbe des Mittels (konditionierter Reiz). Wenn ich später ein Placebo bekomme, das wie das Schmerzmittel aussieht (also konditionierter Reiz), dann ruft dies eine schmerzmindernde Antwort hervor (konditionierte Reaktion).

Neben klassischer Konditionierung tragen auch Erwartungen zum Placebo-Effekt bei. Um die Wirkungen von Konditionierung und Erwartung auseinanderzuhalten, fügten Montgomery und Kirsch (1997) ihren Versuchspersonen durch elektrischen Strom Schmerz in der Haut zu und rieben dann eine Salbe ein. Ohne dass die Teilnehmer es wussten, reduzierten die Versuchsleiter beim Anbringen der Salbe den Strom, so dass die eingeriebene Salbe ausnahmslos den Schmerz reduzierte und so zum konditionierten Reiz wurde. In einer Bedingung wurden die Versuchsteilnehmer über den Aufbau des Experiments informiert. Wenn die Versuchsteilnehmer wussten, dass der Versuchsleiter den Strom und damit den Schmerz beim Einreiben der Salbe reduzierte, gab es keinen Placebo-Effekt. Diese und spätere Untersuchungen schlossen nicht die Möglichkeit aus, dass klassisches Konditionieren Placebo-Effekte erzeugen kann, aber Erwartungen dürften eine entscheidende Rolle für die Wirksamkeit von Placebos spielen.

Weder die Untersuchung von Libet (1985) noch Studien zum Placebo-Effekt können die knifflige Frage lösen, wie Gedanken Hirnprozesse beeinflussen. Anhänger des Dualismus müssen annehmen, dass es bislang unbekannte Mechanismen gibt, die Gedanken im Geist in Nervenaktivität im Hirn übersetzen. Die Alternative ist die Annahme der Materialisten, wonach alle Prozesse Hirnprozesse sind, womit eine Übersetzung von Gedanken unnötig wird.

Methoden kognitiver Hirnforschung

Kognitive Psychologen standen vor der Herausforderung, gute experimentelle Techniken zu entwickeln, um Denkprozesse zu erforschen und die Begrenzungen des Behaviorismus zu überwinden. Allerdings stand auch die Hirnforschung vor großen Herausforderungen. Als Erstes musste man sich mit der Untersuchung der Wirkungen von Hirnverletzungen und Schlaganfällen begnügen. In den 1860er und 1870er Jahren fanden Physiologen Areale in der linken *Hemisphäre* – also der linken Hälfte – des Gehirns, in denen Sprachproduktion und Sprachverstehen lokalisiert sind. Einige Patienten mit Schäden im *Broca-Zentrum* zeigten eine Unfähigkeit, Sprache zu produzieren, aber sie waren fähig, Sprache zu verstehen. Patienten mit einer Schädigung im *Wernicke-Zentrum* waren zu Sprachäußerungen fähig, konnten Sprache aber nicht verstehen (wo die erwähnten Areale innerhalb des Gehirns zu verorten sind, lässt sich leicht über das Internet herausfinden).

Dies ist eine *doppelte Dissoziation.* Einige Patienten wiesen Defizite der Sprachproduktion auf, während ihr Sprachverstehen intakt blieb; andere Patienten zeigten das umgekehrte Muster – sie litten an Defiziten des Sprachverstehens, konnten aber Sprachäußerungen produzieren. Diese Beobachtung zeigte, dass der Sprachproduktion und dem Sprachverstehen unterschiedliche Systeme zugrunde liegen. Doppelte Dissoziationen spielen eine wichtige Rolle bei der Frage der Zuordnung von Funktionen zu den ihnen zugrunde liegenden Systemen.

Studien mit hirngeschädigten Patienten erlaubten die Lokalisierung von Funktionen. So werden visuelle Eindrücke im *Okzipitallappen* – dem hinteren Teil des Großhirns – verarbeitet, während exekutive Funktionen im *Frontallappen* liegen, also im vorderen Teil des Großhirns. *Exekutive Funktionen* bezeichnen die Fähigkeit einer Person, in die Zukunft zu planen, ihr Verhalten zu kontrollieren und neue Gedanken zu denken. Personen, die aufgrund einer Verletzung im Frontallappen Defizite der exekutiven Funktionen aufweisen, verhalten sich oft impulsiv, weil sie unfähig sind, Gedanken und Handlungen zu hemmen und Versuchungen zu widerstehen.

Obwohl Hirnschädigungen neue Einsichten in die Funktion des Hirns erlaubten, haben sie einige Nachteile. Erstens sind natürliche Verletzungen des Gehirns selten auf ein klar umschreibbares Hirnareal beschränkt, sondern umfassen oft mehrere Areale und haben unscharfe Abgrenzungen. Es ist deshalb unklar, ob Defizite der Wahrnehmung, des Denkens oder der Sprache durch ein zerstörtes Areal, ein teilweise beschädigtes

Nachbarareal oder unterbrochene Nervenbahnen verursacht werden, die ein Hirnareal mit den Sinnesorganen oder anderen Hirnarealen verbinden.

Zweitens ist es unethisch, Menschen Hirnschädigungen zuzufügen zum Zwecke der Forschung. Darum müssen Hirnforscher auf Tierstudien zurückgreifen oder auf Hirnoperationen an Menschen, die aus medizinischen Gründen durchgeführt werden. In einer klassischen Studie mit Ratten konnte gezeigt werden, dass keine Erinnerungen mehr vorhanden sind, wenn der *Kortex* – der äußere Teil des Gehirns – fehlt. Deshalb muss das Gedächtnis irgendwo im Kortex liegen. Karl Lashley (1950) versuchte herauszufinden, *wo* im Kortex die Erinnerungen gespeichert sind. In seinen Experimenten lernten Ratten, wo sie Futter in einem Labyrinth finden konnten. Dann entfernte er ein genau definiertes Areal des Kortex der Ratte. Danach testete er, ob die Ratten immer noch fähig waren, den Ort aufzuspüren. Am Ende seiner Studien hatte er alle Teile des Kortex entfernt, ohne ein spezifisches Areal gefunden zu haben, nach dessen Eliminierung die Erinnerung an den Ort des Futters im Labyrinth verschwunden wäre. Lashley schloss aus seinen Studien, dass Erinnerungen nicht an einen spezifischen Ort im Gehirn gebunden sind, sondern im Kortex verteilt gespeichert werden.

Bei Menschen werden Hirnoperationen vorgenommen, um die Ausbreitung epileptischer Anfälle einzugrenzen. Bei einer solchen Operation entfernten Scoville und Milner (1957) Teile der Hippocampi und angrenzende Gebiete auf beiden Seiten des Gehirns eines Patienten namens Henry Molaison, der unter seinen Initialen bekannt wurde. Die Entfernung dieser Hirnareale half, die Anfälle einzudämmen, hatten aber eine unerwartete Nebenwirkung: H. M. konnte keine neuen Erinnerungen formen. Es zeigte sich, dass der Hippocampus zum Aufbau von Erinnerungen unerlässlich war, eine Annahme, die durch viele Studien – vor allem in Tierexperimenten – bestätigt werden konnte. Da schnell klar wurde, welch einschneidende Nebenwirkungen die Entfernung des Hippocampus hatte, wurde die Operation nicht mehr durchgeführt.

Ein dritter Nachteil bei der Beschränkung auf natürlich vorkommende Hirnschädigungen, den genauen Ort der Schädigung im Gehirn eines Patienten erst nach dessen Ableben, bei einer Sektion, feststellen zu können, ist durch die neuartigen Hirnabbildungstechniken weitgehend verschwunden. Dank ihrer hat sich auch die Diagnostik von Hirnschäden wesentlich verbessert.

Strukturelle Hirnabbildungstechniken wie das *MRI* (Abkürzung des englischen Begriffs *Magnetic Resonance Imaging*; deutsch: *Magnetresonanzbildgebung*) liefern Informationen über die Struktur des Gehirns. Diese Technik wird benutzt, um Hirnschädigungen als Folge von Alzheimer-Krankheit, Hirnverletzungen oder Hirnschlag sichtbar zu machen.

Eine wichtige Technik für die psychologische Forschung ist die *funktionelle Magnetresonanzbildgebung (fMRI)*. Das grundlegende Prinzip dieser Technik liegt in der Messung der Energie, die in bestimmten Hirnarealen während einer bestimmten Tätigkeit verbraucht wird, zum Beispiel beim Anschauen eines Bildes, dem Hören von Tönen oder dem Schmieden von Plänen. Wenn das Hirn arbeitet, verbraucht es Sauerstoff, besonders in den aktivsten Hirnregionen. Der Sauerstoffgehalt im Blut, das durch das Gehirn fließt, lässt sich als Gradmesser für den Energieverbrauch während einer Tätigkeit heranziehen. Hirnabbildungstechniken werden oft benutzt, um zu messen, an welcher Stelle das Hirn während einer Denktätigkeit am stärksten arbeitet. So konnten Studien mit Hirnabbildungstechniken zeigen, dass visuelle Information im Okzipitallappen und die Bildung von Erinnerungen im Hippocampus stattfinden. Damit konnten ältere Beobachtungen an Hirnverletzten und aus Tierexperimenten bestätigt und präzisiert werden.

Die wahrscheinlich nützlichste Funktion von Hirnabbildungstechniken ist die Klärung offener theoretischer Fragen. Warum zum Beispiel fällt es frühen Zweisprachigen, die eine Zweitsprache als Kind gelernt haben, leichter, diese zu sprechen, als späten Zweisprachigen, die die Zweitsprache erst spät in der Jugend oder als Erwachsene gelernt haben? Eine Hypothese besagt, dass frühe Zweisprachige für beide Sprachen einen einzigen Begriff am selben «Ort» im Gedächtnis gespeichert haben; für diesen Begriff gibt es nur einen Eintrag im «geistigen Lexikon». Nehmen wir an, Maria beschreibt ein Ereignis vom gestrigen Tag, zuerst in Englisch und dann in Spanisch. Ist sie eine frühe Zweisprachige, dann benutzt sie sowohl für die englische als auch für die spanische Beschreibung denselben Eintrag im Gedächtnis. Ist sie hingegen eine späte Zweisprachige, muss sie unterschiedliche Einträge aus dem Gedächtnis abrufen, um dasselbe Ereignis in beiden Sprachen zu schildern. Eine solche Hypothese lässt sich nur schwer mit den Methoden der kognitiven Psychologie testen. Mit neurowissenschaftlichen Methoden ist es hingegen möglich, zu sehen, ob die Verarbeitung derselben Beschreibung in zwei Sprachen in überlappenden oder unterschiedlichen Hirnregionen stattfindet. Kim, Relkin, Lee und Hirsch (1997) maßen die Aktivität des Broca-Zentrums, in dem die Sprachproduktion vor sich geht, während die Teilnehmer ein Ereignis des vorherigen Tages beschrieben. Vor jedem Durchgang wurde den Teilnehmern angezeigt, in welcher der beiden Sprachen sie das Ereignis zu erzählen hatten. In der Tat fanden die Forscher, dass bei frühen Zweisprachigen die gleichen Areale des Broca-Zentrums, bei späten Zweisprachigen hingegen benachbarte, aber klar unterschiedliche Regionen aktiviert waren. Dieser Befund bestätigt die eingangs geschilderte Hypothese und liefert eine plausible Erklärung für die Leichtigkeit des Sprechens zweier Sprachen bei frühen Zweisprachigen und für die Schwierigkeiten, die Erwachsene beim Erlernen einer Fremdsprache erleben.

Hirnabbildungstechniken wie fMRI haben den Vorteil einer hohen räumlichen Auflösung, so dass ein Segment von einem Kubikmillimeter scharf abgebildet werden kann. Ihre zeitliche Auflösung hingegen ist sehr niedrig, bei fMRI beschränkt sie sich auf den Sekundenbereich. Dies ist ein Problem, weil die Verarbeitung von wahrgenommener Information oft innerhalb der ersten 500 Millisekunden geschieht.

Zum Glück können Forscher, die eine hohe zeitliche Auflösung zur Erforschung von Hirnprozessen benötigen, *ereigniskorrelierte Potentiale* (*ERP*, abgekürzt vom englischen *Event-Related Potential*) messen. Diese Methode wurde aus der

Elektroenzephalographie (EEG) entwickelt. Sie kann auf der Schädeloberfläche elektrische Signale messen, die aus der Hirntätigkeit stammen. EEG gibt es seit den 1930er Jahren. Sie wurde etwa in der Schlafforschung angewandt. Die registrierten unterschiedlichen Wellenmuster elektrischer Signale belegten, dass es verschiedene Schlafstadien gibt.

ERP misst die elektrische Hirnaktivität während eines Ereignisses. Wenn ein Reiz erscheint, zum Beispiel, weil eine Person ein überraschendes Objekt sieht, ergibt sich eine geringfügige Veränderung der Hirntätigkeit, die sich messen lässt. Eine typische Aufgabe ist das *Oddball-Paradigma*, bei dem der Proband ein Ereignis entdecken muss, das von anderen abweicht. Nehmen wir an, ein 2000-Hertz-Ton erscheint inmitten einer Serie von 1000-Hertz-Tönen. Das gemessene ERP ist etwa 300 Millisekunden nach dem Erscheinen des 2000-Hertz-Tones ausgeprägter als bislang. Diese spezifische Reaktion wird P300 genannt; sie tritt auf, wenn eine Person unerwartete Reize zur Kenntnis nehmen muss, wie einen 2000-Hertz-Ton in einer Serie von 1000-Hertz-Tönen. Die Entdeckung von Unregelmäßigkeiten in der Umwelt ist wichtig für unser Überleben. Menschen sind deshalb mit Aufmerksamkeitsmechanismen ausgestattet, die zur Entdeckung solcher Unregelmäßigkeiten führen. ERP, kombiniert mit Aufmerksamkeitsaufgaben wie dem Oddball-Paradigma, ermöglicht Forschern, geistige Prozesse im Labor zu erforschen, die für das Überleben in der Natur wesentlich sind.

Ein Nachteil von ERP ist die begrenzte räumliche Auflösung, so dass es schwierig ist, die genauen Orte der elektrischen Aktivität zu bestimmen. Forscher können nur sagen, ob die linke oder rechte Hirnhälfte oder die vordere oder hintere Hälfte des Gehirns aktiv ist. In neuerer Zeit wurde es möglich, fMRI und ERP zu kombinieren, um das Beste aus beiden Methoden zu erhalten – hohe räumliche Auflösung des fMRI und hohe zeitliche Auflösung des ERP. Diese Methoden sind schwierig anzuwenden und teuer, aber sie werden sicherlich die kognitive Hirnforschung in eine bessere Zukunft führen.

Kommen wir auf den Materialismus zurück: Wie weit ist die Erklärung des Geistes durch Prozesse des Gehirns gediehen?

Die Antwort ist: nicht sehr weit. Wir haben nur eine grobe Ahnung über die Verbindung anatomischer Strukturen oder elektrochemischer Prozesse zu geistigen Prozessen; wir haben keine Ahnung, wie ein bestimmter Gedanke in biochemische Strukturen oder Prozesse übersetzt werden kann.

Gene und Verhalten

Wenn ein junger Raucher einen U-Bahn-Angestellten angreift, der ihn auf das Rauchverbot aufmerksam macht, Lisa sich vor Hunden fürchtet oder Kevin Lernschwierigkeiten hat, dann nehmen Laien oft an, dass ein solches Verhalten vererbt ist. In der früher erwähnten Anlage-Umwelt-Kontroverse sind sie auf jener Seite, die Verhalten als von der Erbanlage bestimmt ansehen.

Eigenschaften einer Person werden von Generation zu Generation durch *Gene* weitergegeben, die Träger der Erbinformation sind. Während einige körperliche Merkmale wie die Augenfarbe auf einem einzigen Gen weitergegeben werden, ist die Vererbung psychischer Eigenschaften komplizierter. Es scheint, dass ein Verbund mehrerer Gene zusammen zu einer bestimmten Neigung führt, zum Beispiel zu einer frühen Form der Alzheimer-Erkrankung oder Alkoholabhängigkeit. Neuere Forschung zeigt, dass sich neurologische Krankheiten, wie Alzheimer oder Parkinson, aufgrund ihrer genetischen Zusammensetzung klar voneinander unterscheiden lassen. Diese Krankheiten scheinen unabhängige neurologische Ursachen zu haben. Anders verhält es sich bei psychischen Störungen, wie Schizophrenie, Depression und Angststörungen, bei denen die Identifizierung als spezifische Krankheiten aufgrund genetischer Zusammensetzung nicht möglich ist (Anttila et al., 2018). Die Klassifizierung psychischer Krankheiten ist bis heute ein Problem (siehe Kapitel 8).

Wie können wir herausfinden, ob ein Verhalten oder eine psychische Krankheit vererbt werden? Eine Laune der Natur hilft Forschern dabei, den jeweiligen Beitrag von Genen und Umwelt zu unterscheiden. Bekanntlich gibt es zwei Arten von Zwillingen, eineiige, die identische Gene besitzen, und zweieiige, bei denen durchschnittlich die Hälfte der Gene identisch sind – wie auch bei Geschwistern, die keine Zwillinge sind. Da eineiige Zwillinge identisches Erbgut haben, muss der Theorie nach jeglicher Unterschied zwischen ihnen von der Umwelt herrühren, sprich von Familie, Schule, Nahrung, intellektueller Bereicherung durch Bücher und Spielsachen etc. Es gibt aber ein Problem. Eltern schaffen für eineiige Zwillinge womöglich eine ähnlichere Umwelt als für zweieiige Zwillinge. Um die Einflüsse der Umwelt vergleichbar zu gestalten, untersuchten die Forscher Zwillinge, die jeweils von verschiedenen Eltern adoptiert wurden. Wenn wir annehmen, dass eineiige Zwillinge nach den gleichen Regeln Familien zugeteilt werden wie zweieiige Zwillinge, dann müssten die Umgebungen für beide Arten von Zwillingen im Durchschnitt die gleichen sein.

Um zu wissen, zu welchem Grad zum Beispiel Intelligenz vererbt ist, untersuchten Forscher die Intelligenz eineiiger und zweieiiger Zwillinge. Sie errechneten dann eine *Korrelation* – den statistischen Zusammenhang – zwischen dem ersten und dem zweiten Zwilling. Ist Intelligenz erblich bedingt, würden wir erwarten, dass die Intelligenz eineiiger Zwillinge einander mehr ähnelt als die Intelligenz zweieiiger Zwillinge, mit anderen Worten, dass die Korrelation in diesem Fall höher ist. Mit dieser Methode ließ sich die *Vererbbarkeit* errechnen, das heißt, wie viel an der Variation einer Eigenschaft innerhalb einer Population (zum Beispiel aller erwachsenen Deutschen) durch Vererbung erklärt werden kann. Für Intelligenz, Persönlichkeitseigenschaften und psychische Störungen wie Schizophrenie, Depression oder Alkoholabhängigkeit liegt die Vererbbarkeit bei bis zu 50 Prozent. Dies heißt aber auch, dass 50 Prozent oder mehr der individuellen Unterschiede dieser Eigenschaften durch Einflüsse der Umwelt erklärt werden können.

Selbst wenn eine Verhaltensneigung vererbt ist, entscheidet die Umwelt mit, ob ein Verhalten sich später auch zeigt. Dabei gibt es mindestens drei Wege, wie die Umwelt die Wirkung genetischer Information beeinflussen kann.

Als Erstes kann die Umwelt das Ausmaß der Vererbbarkeit beeinflussen. So konnte man beobachten, dass Intelligenz so gut wie ausschließlich von Vererbung abhing, wenn die Kinder aus wohlhabenden Familien kamen. Die Umwelt spielte im Grunde keine Rolle, weil diese für alle Kinder optimal war. Kamen die Kinder hingegen aus ärmlichen Verhältnissen, war die intellektuelle Anregung unterschiedlich. Deshalb nahm die Wirkung von Umweltfaktoren zu und die Rolle der Vererbung ab (Turkheimer, Haley, Waldron, D'Onofrio & Gottesman, 2003).

Zweitens kann die Umwelt beeinflussen, inwiefern vererbtes Verhalten gezeigt wird. Bei der Intelligenz ist nicht der exakte Intelligenzquotient (IQ) vererbt, sondern ein Potenzial, das sich als eine Spanne ausdrücken lässt, innerhalb derer der IQ liegen wird. Zum Beispiel mag diese Spanne für eine Person bei einem IQ von 110 bis 130 liegen (was diese Zahlen bedeuten, wird in Kapitel 6 näher erklärt). Nehmen wir an, zwei Kinder weisen von der Vererbung her beide das gleiche Potenzial auf. Das eine Kind wächst aber in einer intellektuell stimulierenden Umwelt auf und das andere in einer benachteiligten Umwelt ohne Bücher, anregende Spiele und Eltern, die mit ihren Kindern diskutieren. In diesem Fall ist die Wahrscheinlichkeit groß, dass trotz des gleichen Potenzials das Kind aus einem stimulierenden Hause intelligenter ist als das Kind aus benachteiligtem Hause.

Drittens können erbliche Anlagen die Wirkungen der Umwelt auf drei Arten beeinflussen. Kinder wachsen meist in einer Umgebung auf, die ihre Eltern gestaltet haben. Zum Beispiel neigen Kinder intelligenter Eltern nicht nur aufgrund der Gene zu höherer Intelligenz, sondern auch aufgrund einer anregenden Umwelt, die intelligente Eltern für ihre Kinder schaffen. Zweitens rufen ererbte Verhaltenstendenzen Antworten anderer hervor. Zum Beispiel diskutieren Erwachsene eher intellektuell höherstehende Themen mit einem intelligenten Kind als mit einem Kind minderer Begabung; dieses unterschiedliche Verhalten Erwachsener verstärkt die Intelligenzunterschiede weiter. Allerdings können Reaktionen den ererbten Anlagen auch entgegenwirken. Zum Beispiel versuchen Erwachsene, ein hyperaktives Kind zu beruhigen oder ein zu passives Kind zu mehr Aktivität anzuregen. Da der Grad an Aktivität zum Temperament gehört und dieses vererbt ist, wirken die Reaktionen der Erwachsenen den Erbanlagen entgegen. Drittens wählen Kinder eine Umwelt, die mit ihren Erbanlagen übereinstimmt. Ein hyperaktives Kind etwa wird eher Aktivitäten wie Sport oder Tanz wählen, die seinem Temperament entsprechen, während ein ruhiges Kind eher Bücher liest oder Puzzles zusammensetzt.

Gene werden über hunderte und tausende Generationen von einer Generation zur nächsten übertragen. Über diese Zeit kann sich die Zusammensetzung der Gene verändern und damit auch Eigenschaften des Verhaltens, Denkens und Fühlens. Dieser langfristige Prozess wird *Evolution* genannt. Wie kann man erkennen, dass eine Eigenschaft vererbt ist und sich im Verlauf der Naturgeschichte entwickelt hat? Ein Hinweis darauf, dass sich eine bestimmte Eigenschaft im Laufe der Evolution herausgebildet hat, ist ihre Universalität. Eine *Universalie* ist eine Eigenschaft, die in allen Menschen über alle Kulturen auftritt (siehe Norenzayan & Heine, 2005). Hängt hingegen eine Eigenschaft von der spezifischen Kultur ab, ist sie nicht universell und wahrscheinlich nicht ein Produkt der Evolution, die auf genetische Übertragung gegründet ist. Beispiele universeller Verhaltensweisen sind die Fähigkeiten des Spracherwerbs oder das Erkennen grundlegender Emotionen – etwa Lächeln oder Ärger – sowie die Bindung von Kindern zu ihrer Mutter und anderen Bezugspersonen. Später werde ich Universalien bei der Partnerwahl, dem Spracherwerb und der Entwicklung von Bindung beschreiben.

5. Menschliche Entwicklung

In den ersten vier Kapiteln haben wir betrachtet, was Verhalten bestimmt, zum Beispiel Lernen, Denken, Hirnprozesse und Gene. Die Erforschung solcher Prozesse geschieht oft zu einem bestimmten Zeitpunkt mit Personen gleichen Alters. Entwicklungspsychologen sind hingegen an Veränderungen des Denkens, Fühlens und Verhaltens über die Zeit interessiert, zum Beispiel vom Säuglings- bis zum Jugendalter.

Was ist Entwicklung?

Entwicklung bedeutet gerichtete Veränderung. Wir sagen zum Beispiel: «Er ist nicht reif genug»; «Sie wurde als Kind zu wenig geliebt»; oder «Ihm wurde nie beigebracht, sich richtig zu benehmen». Die erste Aussage betrifft den Reifungsprozess, die zweite Aussage Lernen aus Erfahrung und die dritte Sozialisation. Dies sind die drei grundlegenden Mechanismen, durch die Entwicklung geschieht.

Sehen wir uns zuerst den *Reifungsprozess* an. Wenn Kevin Schwierigkeiten mit dem Schulstoff zeigt, argumentieren seine Eltern oft, er sei «nicht reif genug». Wie oft in der Psychologie trifft der Alltagsgebrauch eines Ausdrucks nicht genau dessen Gebrauch in der wissenschaftlichen Sprache.

Wenn in der Psychologie von Reifung die Rede ist, dann ist damit ein Prozess der biologischen Entwicklung gemeint. Ein Beispiel ist Körperwachstum. Jedes gesunde Kind wächst in die Höhe – körperliches Wachstum ist universell. Wachstum zeigt einen typischen Verlauf mit Wachstumsschüben in der frühen Kindheit und im Jugendalter und niedrigeren Wachstumsraten dazwischen. Obwohl Umweltfaktoren wie Ernährung oder Krankheit das Ausmaß des Wachstums fördern oder behindern können, ist der Prozess der Entwicklung mit Phasen schubweisen Wachstums und relativer Stabilität unabhängig von solchen Faktoren. Dies bedeutet, dass körperliches Wachstum ein biologischer Prozess ist und eine genetische Grundlage hat.

Ein Beispiel aus der psychischen Entwicklung ist die Entwicklung der Sprachfähigkeit, die in verschiedenen Stufen abläuft. Wie das Körperwachstum weist der Spracherwerb Phasen auf, in denen das Lernen schubweise vor sich geht, zum Beispiel, wenn dreijährige Kinder plötzlich sehr viele neue Wörter lernen. Alle gesunden Kinder lernen sprechen; die Stufenfolge des Spracherwerbs ist für alle Kinder gleich. Um ein einfaches Beispiel zu nehmen: Alle Kinder beherrschen zuerst Einwortsätze, das heißt, sie gebrauchen einzelne Wörter, um eine Aussage zu machen, bevor sie Zweiwortsätze und schließlich Sätze mit drei und mehr Wörtern bilden. Die Fähigkeit zum Spracherwerb ist universell und damit ein Prozess biologischer Reifung, der nur geringfügig durch Umgebungseinflüsse modifiziert werden kann.

Reifung schließt manchmal eine *kritische Periode* mit ein, womit eine Altersspanne gemeint ist, innerhalb der ein Kind Anregung der Umgebung braucht, damit eine Fähigkeit sich entwickelt. Wenn ein Kind bis zur Pubertät überhaupt keine Sprache hört, wird die Möglichkeit zum Spracherwerb verbaut. Die Pubertät ist jene Zeit, in der Sprachproduktion und Verstehen definitiv in der linken Hirnhemisphäre angesiedelt sind. Nach der Pubertät ist es deshalb kaum mehr möglich, sprechen zu lernen. Das Alter bis etwa 13 oder 14 Jahre wird deshalb als die kritische Periode zum Spracherwerb betrachtet (Lenneberg, 1967).

Ein zweiter Mechanismus, der Entwicklung steuert, ist das Lernen durch Erfahrung. Nach den Behavioristen lernen Kinder durch Assoziation – oder Verknüpfung – von Verhalten mit den erlebten Konsequenzen, wie zum Beispiel das Berühren des Fells einer Katze mit Wohlbehagen, das Berühren einer heißen Tasse Tee mit Schmerz. Wir lernen das ganze Leben durch aus eigenen Erfahrungen, etwa wenn wir lernen, Rad zu fahren oder ein Automobil zu steuern.

Der dritte Mechanismus der Entwicklung ist soziale Vermittlung. Nach dem Berühren einer heißen Tasse Tee weiß das Kind aus Erfahrung, dass Hitze Schmerz verursacht. Zum Glück müssen Kinder nicht alle Hitzequellen selbst erfahren. Eltern können einfach erklären, dass eine brennende Glühbirne heiß ist, und die (meisten) Kinder werden sie nicht berühren. Kinder lernen nicht nur aus eigener Erfahrung, sondern aus Handlungsempfehlungen anderer und aus Erklärungen von Ursache und Wirkung. Dieser Prozess des Erwerbs von Wissen, Handlungsweisen, Werten und Normen innerhalb einer Kultur wird *Sozialisation* genannt. In der Tat gibt es innerhalb der Entwicklungspsychologie oft Debatten, ob Entwicklung sich auf Reifung, Erfahrung oder Sozialisation gründet, wie wir unter anderem im Falle der kognitiven Entwicklung sehen werden.

Kognitive Entwicklung

Die letzten einhundert Jahre brachten enorme Fortschritte in der Erforschung der Entwicklung des Denkens und Fühlens bei Kindern. Dieses Unterkapitel berichtet über die Fortschritte in der kognitiven Entwicklung, vor allem *Piagets Stufentheorie der Entwicklung*, die zwischen den 1920er und 1960er Jahren entstand; das nächste Unterkapitel betrachtet die emotionale und soziale Entwicklung.

Piaget unterteilte die kognitive Entwicklung in vier Stufen, die aufeinander aufbauen: die sensumotorische, präoperatorische, konkretoperatorische und formaloperatorische Stufe.

Während der *sensumotorischen Stufe* beginnt das Kind zwischen Selbst und Umwelt zu unterscheiden, was wichtig ist für absichtsvolles Handeln. Die wesentlichste Errungenschaft am Ende dieser ersten Stufe ist *Objektpermanenz*, was bedeutet, dass ein Kind Objekte als beständig wahrnimmt und weiß, dass sie selbst dann existieren, wenn es sie nicht sehen kann. Jüngere Kleinkinder verlieren das Interesse an Objekten, die aus ihrem Blick verschwinden; sie suchen nicht danach. Einige Monate später mögen Kinder nach einem Objekt suchen, das teilweise verdeckt ist oder unmittelbar vorher gebraucht wurde, aber die Kinder werden leicht abgelenkt und geben die Suche auf. Wenn

Kinder in der sensumotorischen Stufe fortschreiten, beginnen sie nach einem Objekt zu suchen, wenn es verschwindet; sie wissen, dass das Objekt auch existiert, wenn man es nicht sieht.

Die zweite Stufe ist die *präoperatorische Stufe*, in der das Denken der Kinder *zentriert* und auch *egozentrisch* ist. Das Denken ist *zentriert*, weil die Kinder nicht zwei Aspekte einer Aufgabe gleichzeitig in Betracht ziehen können, wie in sogenannten *Erhaltungsaufgaben* gezeigt werden kann. Abbildung 2 zeigt zwei Beispiele solcher Aufgaben, die obere Hälfte für die *Erhaltung der Anzahl*, die untere Hälfte für die *Erhaltung des Volumens*. Um die Erhaltung der Anzahl bei Kindern im Alter von drei bis acht Jahren zu untersuchen, reiht der Versuchsleiter eine schwarze und eine weiße Reihe Jetons so auf, dass die Abstände zwischen den Jetons für beide Reihen gleich sind. Damit ist klar, dass in beiden Reihen gleich viele Jetons liegen (obere Hälfte, links). Der Versuchsleiter fragt, ob es mehr schwarze, mehr weiße oder gleich viele schwarze und weiße Jetons hat. Kinder jeden Alters antworten, dass es gleich viele Jetons in den zwei Reihen gibt. Dann verschiebt der Versuchsleiter die weißen Jetons, so dass die Abstände zwischen den Jetons kleiner werden (obere Hälfte, rechts). Wenn er nun die Kinder nochmals fragt, geben nur jene Kinder an, es seien gleich viele Jetons, die älter als fünf oder sechs Jahre alt sind. Eine Mehrheit der jüngeren Kinder glaubt, es seien mehr schwarze Jetons.

Gegen das Ende der präoperatorischen Stufe entwickeln Kinder die Fähigkeit, zwei Aspekte einer Aufgabe über mehrere Gebiete hinweg gleichzeitig zu sehen. Damit ist die Erhaltung der Anzahl nicht ein isolierter Befund, sondern zeigt, dass man eine generelle Entwicklung der Struktur des Denkens beobachten kann. Ein anderes wohlbekanntes Beispiel ist die Aufgabe, in der das Kind zwei breite, aber niedrige Gläser sieht, die gleich hoch mit Wasser gefüllt sind (siehe Abbildung 2, untere Hälfte). Kinder jeden Alters erkennen, dass gleich viel Wasser in den Gläsern ist. Dann füllt der Versuchsleiter vor den Augen der Kinder das eine Glas in ein anderes Glas, das höher, aber schmaler ist (in Abbildung 2 untere Hälfte rechts). Auf die Frage, in welchem Glas mehr Wasser sei, antworten nun nur Kinder über

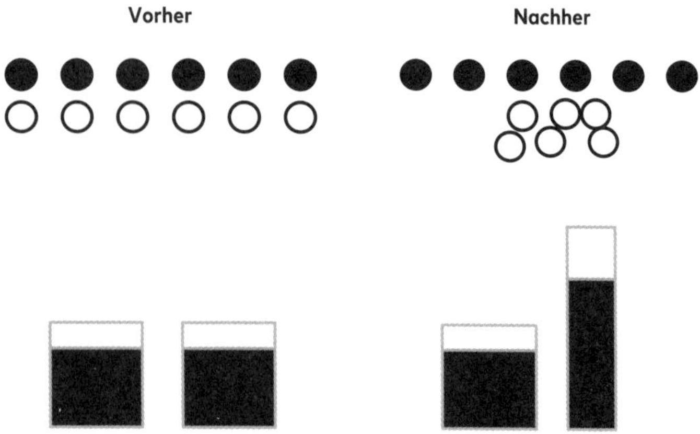

Abbildung 2: Erhaltungsaufgaben.
Obere Hälfte: Aufgabe zur Erhaltung der Anzahl.
Untere Hälfte: Aufgabe zur Erhaltung des Volumens.

fünf oder sechs Jahren, dass in beiden Gläsern gleich viel Wasser ist; eine Mehrheit der jüngeren Kinder glaubt, dass im hohen, aber schmalen Glas mehr Wasser sei. Auch in diesem Falle ist das Denken jüngerer Kinder zentriert, weil es nicht zwei Dimensionen – hier Höhe und Breite – gleichzeitig in Betracht ziehen kann.

Piaget und Inhelder illustrierten *egozentrisches Denken* mit dem Dreibergeversuch, der *Perspektivenübernahme* misst. Dieser Versuch zeigte auf, dass Kinder auf der präoperatorischen Stufe nicht fähig sind, den Standpunkt des Anderen einzunehmen. Ein Kind sah drei Berge; Schnee war vor dem einen Berg und eine Flagge auf einem anderen. Der Versuchsleiter platzierte eine Puppe an unterschiedlichen Punkten der Landschaft und zeigte dem Kind einige Fotografien der Berge. Das Kind musste jenes Bild aussuchen, das den Standpunkt der Puppe zeigt. Erst sieben- bis achtjährige Kinder zeigten auf das Foto, das die Landschaft aus der Perspektive der Puppe zeigt; drei- bis vierjährige Kinder wählten jenes Foto, das die Landschaft aus ihrer eigenen Perspektive zeigt.

Während der dritten Stufe der kognitiven Entwicklung, der *konkretoperatorischen Stufe*, die sich ab dem etwa siebten Lebensjahr ausbildet, versteht das Kind, dass Merkmale wie Anzahl oder Volumen auch bei äußeren Veränderungen erhalten oder invariant bleiben. Überdies denken Kinder nicht mehr länger egozentrisch. Allerdings bleibt das kindliche Denken in konkreten Situationen stecken. Kinder sind noch nicht fähig, eine Hypothese systematisch zu überprüfen. Wenn sie zum Beispiel die Gewichte auf den zwei Seiten einer Balkenwaage ausgleichen müssen, sind sie nicht fähig, systematisch die Wirkungen der Masse und des Abstands von der Mitte des Balkens zu untersuchen, um das Hebelprinzip herauszufinden. Erst ab der vierten, *formaloperatorischen Stufe* mit etwa zwölf Jahren sind Kinder dazu fähig, abstrakte Hypothesen auszutesten.

Piagets Theorie wurde verschiedentlich kritisiert. So fanden einige Forscher, dass die Kinder Fähigkeiten früher entwickelten, als Piaget annahm. Ein Beispiel ist die Objektpermanenz, die schon mit dreieinhalb Monaten auftreten kann und nicht erst nach zwei Jahren, wie Piaget annahm (Baillargeon, 1987). Die Hauptkritik kam jedoch vom russischen Psychologen Lew Wygotski.

Wygotksi kritisierte unter anderem die Annahme der Theorie Piagets, dass Entwicklung aus einem inneren Antrieb entstehe, zum Beispiel aus Neugier. Wygotski fragte: Wie lernen Kinder, Probleme zu lösen? Zuerst probieren sie es selbst aus; sobald sie Hindernissen begegnen, fragen sie ihre Eltern oder später ihre Lehrer. Kinder wachsen in einer Kultur auf und erwerben das Wissen dieser Kultur durch das Gespräch mit anderen – Entwicklungsschritte können als Produkt der Sozialisation verstanden werden. Darum wurde Wygotskis Theoriegerüst bekannt unter der Bezeichnung *soziokultureller Ansatz*, der annimmt, dass soziale und kulturelle Einflüsse die Entwicklung des Kindes bestimmen.

Obwohl Teile von Piagets Theorie veraltet sind, ist er eine herausragende Figur in der Psychologie, der praktisch im Alleingang die kognitive Entwicklung erforschte; und dies in der Blütezeit der Psychoanalyse in Europa und des Behaviorismus in den USA. In seinen groben Umrissen hat sich Piagets theoretisches Gebäude bewährt. Es gab einige Änderungen, aber die Hauptbefunde, zum Beispiel zur Objektpermanenz, zur Erhaltung von Anzahl und Volumen oder zur Perspektivenübernahme, sind heute noch gültig und bilden immer noch einen wichtigen Teil einer jeden Theorie zur kognitiven Entwicklung. Schließlich bauten neue Theorien auf Piagets Theoriegerüst auf.

Ein berühmtes Beispiel ist *Kohlbergs Theorie der moralischen Entwicklung*, welche sechs Stufen moralischen Urteilens beinhaltet, beginnend mit Strafvermeidung auf Stufe 1 bis zur Herleitung moralischer Entscheidung aufgrund allgemeiner moralischer Prinzipien auf den letzten beiden Stufen. Wie Piagets Theorie der kognitiven Entwicklung ist Kohlbergs Theorie der moralischen Entwicklung eine Stufentheorie; sie fußt auf der Annahme, dass Kinder die Fähigkeit moralischen Denkens entwickeln.

Allerdings ist Denken über moralische Regeln nicht die einzige Art, zu moralischen Entscheidungen zu kommen. Eine andere Forschungslinie nimmt an, dass die Entwicklung zwischenmenschlicher Emotionen der moralischen Entwicklung zugrunde liegt, zum Beispiel die Entwicklung der *Empathie*, das heißt der Fähigkeit, die Emotionen anderer zu verstehen und zu teilen. Wenn eine Person Empathie fühlt, versteht sie den emotionalen Zustand einer anderen Person und reagiert selbst mit einem ähnlichen affektiven Zustand (Eisenberg, 2000). Solche Emotionen auf Seiten der empathischen Person leiten dann moralisches Handeln. Wenn zum Beispiel ein Mädchen einen Jungen sieht, der leidet, fühlt es mit ihm und tröstet ihn. Die Entwicklung moralischer Emotionen wird als ein Produkt der Sozialisation innerhalb einer Kultur gesehen. Diese kulturspezifische Sicht widerspricht Kohlbergs Stufentheorie, die annimmt, dass die Entwicklung moralischen Denkens universal ist.

Wenn man die Aggression des jungen Mannes in der U-Bahn-Station erklären will, ist eine Annahme, dass sein Moralsinn unterentwickelt ist. Dies kann zweierlei bedeuten: einerseits, dass dem jungen Mann die Fähigkeit zum moralischen Denken abgeht; andererseits, dass dem jungen Mann aufgrund seiner Erziehung die Empathie gegenüber dem Leiden anderer Menschen fehlt, die ihm helfen würde, sein aggressives Verhalten zu regulieren.

Emotionale und soziale Entwicklung

Sigmund Freud veröffentlichte eine Theorie der psychosexuellen Entwicklung, die fünf Stufen enthielt: orale, anale, phallische, latente und genitale Phase. Die Entwicklungstheorie Freuds ist von historischem Interesse, da empirische Evidenz fehlt, die sie stützen würde, mit Ausnahme der oralen Phase, in der Kinder durch Stillen Bindung an ihre Mutter entwickeln. Allerdings führte Freud manche Ideen in die Psychologie ein, die zwar einer genaueren Überprüfung nicht standhielten, aber trotzdem bahnbrechende Forschung anregten. In der Tat wäre die Bindungstheorie ohne Freud nicht denkbar.

Nach dem Zweiten Weltkrieg wuchs das Interesse an Bindung aus drei Gründen. Erstens wurden am Anfang des Krieges mehr als 700 000 Kinder aus Angst vor Luftangriffen aus London evakuiert. Diese Kinder – manche noch im Vorschulalter – wurden von ihren Eltern getrennt. Zweitens verloren während des Krieges manche Kinder ihre Eltern und wuchsen in Waisenhäusern auf, die minimal ausgestattet waren. Schließlich hatten nach dem Krieg manche Krankenhäuser sehr eingeschränkte Besuchszeiten für Kinder, zum Beispiel zweimal die Woche je eine Stunde. Einige Krankenhäuser erlaubten überhaupt keinen Besuch bei den Kindern, nicht mal den Eltern. Der Grund war die Furcht vor der Verbreitung gefährlicher Ansteckungskrankheiten. Zudem schrien jüngere Kinder oft, wenn die Eltern sie nach dem Besuch verließen, was für das Pflegepersonal zusätzlichen Stress bedeutete (siehe van der Horst, 2011).

Obwohl die Evakuierung aus London zu hitzigen Debatten führte zwischen jenen, die für die Sicherheit der Kinder zuständig waren, und Psychiatern, die glaubten, dass die Trennung schädlich für junge Kinder sei, gab es wenig empirische Evidenz für die psychologischen Wirkungen von Trennung. Während und nach dem Zweiten Weltkrieg trug der Psychoanalytiker René

Spitz (1945) solche Evidenz zusammen, indem er die Situation von Kindern in Kranken- und Waisenhäusern beschrieb. Diese Kinder waren von ihren Eltern getrennt, hatten minimale Anregung und kaum Kontakt mit dem Pflegepersonal; Spitz nannte diesen Zustand *Hospitalismus*. Kinder wurden unter solchen Umständen oft passiv und entwickelten Depressionen. Was fehlte, war *Bindung*, die gefühlsmäßige Anhänglichkeit, die eine Person zu einer anderen, spezifischen Person formt, zum Beispiel die Mutter oder eine andere Bezugsperson (Ainsworth & Bell, 1970).

Wie konnte man Bindung erklären? Um eine Antwort zu finden, berief sich John Bowlby – selbst ein Psychoanalytiker – auf die *Ethologie*, die Biologie des Verhaltens. Wie bereits kurz erwähnt (S. 35), zeigte Konrad Lorenz (1937), dass Gänsejunge dem ersten bewegten Objekt folgten, das sie sahen. In der Natur ist dies die Muttergans. Im Labor hingegen folgten die Gänse einer Holzfigur oder gar Konrad Lorenz selbst. Lorenz nannte diesen Prozess *Prägung*. Obwohl Prägung menschliche Bindung nicht erklären kann, sah Bowlby in der Bindung zu einer Mutter eine über die Zeit der Evolution entstandene Anpassung, die einen Vorteil für das Überleben sicherte; dies ist ganz in der Tradition der Ethologie. Kinder brauchen nicht nur Nahrung, sondern eine Anbindung, die Güte, Trost, Zuwendung, Berührung und Wärme von jener Person erfordert, mit der sich das Kind identifiziert. Trotz einer guten Theorie mangelte es Bowlbys Bindungstheorie an empirischen Belegen. Während die Studien zum Hospitalismus aufzeigten, was Kindern fehlt, wenn sie keine Beziehung zu einer Mutter aufbauen können, blieben sie den Beweis schuldig, dass Kinder aktiv die Anbindung an eine Bezugsperson suchten.

Erste Evidenz kam durch Harry Harlows (1958) Tierstudien. Er trennte junge Rhesusaffen von ihren biologischen Müttern. In ihren Käfigen fanden die Jungen ein Drahtgitter, das Milch gab, und eine künstliche Ersatzmutter mit einer Felloberfläche, die keine Milch gab. Das Affenjunge verbrachte die meiste Zeit mit dem Pelzmodell und ging nur dann zum Drahtgitter, wenn es Milch brauchte. Dieses Experiment zeigte, dass Affenbabys nicht nur Nahrung brauchen, sondern auch körperlichen Kontakt und Wärme.

Zweierlei Evidenz für die Bindung bei menschlichen Säuglingen erbrachten die Studien von Mary Ainsworth. Zuerst beobachtete sie sowohl in Uganda wie in den Vereinigten Staaten, wie Kinder und ihre Mütter miteinander umgingen (siehe Ainsworth & Bowlby, 1991). Später ergänzte sie diese Beobachtungen mit einer Laborstudie, die einem präzisen Protokoll folgte (siehe Ainsworth & Bell, 1970). Die Mutter kam mit ihrem Baby in den Laborraum. Nach drei Minuten trat eine fremde Person ein, und die Mutter verließ den Raum nach weiteren drei Minuten. Der Säugling war nun allein mit der Fremden, bis die Mutter nach drei Minuten zurückkehrte und die Fremde den Raum verließ. Die Mutter blieb im Raum, bis das Kind ruhig war und sich mit Spielzeugen beschäftigte. Dann sagte sie «Auf Wiedersehen» und ließ das Kind allein für drei Minuten (dieser Zeitraum wurde verkürzt, wenn das Baby zu aufgebracht war und Trost benötigte), bevor die fremde Person wiederkam, wieder für drei Minuten. Als Letztes kam die Mutter zurück. Von einem benachbarten Raum aus beobachtete die Versuchsleiterin das Verhalten des Babys, wenn es mit der Mutter, der Fremden oder allein war.

Durch Beobachtungen in der realen Welt und im Labor gelangte Ainsworth zu einer Unterscheidung zwischen sicherer und unsicherer Bindung. Kinder entwickelten *sichere Bindung* während ihres ersten Lebensjahrs, wenn ihre Mütter durchgängig das Kind aufhoben, sobald es schrie. Solche Kinder knüpften Kontakte mit Fremden und forschten die Umgebung aus, wenn die Mutter anwesend war. Sie waren betrübt, wenn die Mutter wegging, aber glücklich, wenn sie wiederkam. Kinder entwickelten unsichere Bindung, wenn die Mutter während des ersten Lebensjahres nicht auf die Emotionen des Kindes einging. Es gibt zwei Arten unsicherer Bindung. *Unsicher-ablehnende* Kinder zeigten keine Zeichen der Betrübnis, wenn die Mutter wegging, und vermieden Nähe, wenn die Mutter zurückkam. *Unsicher-ambivalente* Kinder waren oft passiv in Gegenwart der Mutter, aber völlig verzweifelt, wenn die Mutter wegging; sie verhielten sich zwiespältig, wenn die Mutter zurückkam.

Ainsworths Forschung führte Bowlby zur Annahme, dass Kinder *internale Arbeitsmodelle* entwickeln – im Gedächtnis gespeicherte Überzeugungen, die sie aufgrund der Interaktion mit ihrer Mutter gelernt haben. Kinder, deren Mutter auf ihr Schreien und damit auf ein Bedürfnis reagiert, indem sie sie aufhebt oder beruhigt, erwarten, dass ihre Mutter dies in Zukunft tun wird. Kinder, deren Mutter nicht auf ihr Schreien oder sogar negativ reagiert, entwickeln ein internales Arbeitsmodell, das besagt, dass die Mutter nicht auf Bedürfnisse eingeht. Bowlby nahm an, dass Kinder, die internale Arbeitsmodelle auf der Grundlage unsicherer Bindung entwickeln, als Erwachsene eher erwarten, dass andere Menschen nicht auf ihre Bedürfnisse und Gefühle eingehen oder negativ darauf reagieren. Solche Erwartungen können zu fehlgeleitetem Verhalten in Beziehungen führen, wie das Verbergen von Stress oder Gefühlen gegenüber einem Partner. In Übereinstimmung mit einem zentralen Grundsatz der kognitiven Psychologie sind es die Erwartungen über die Reaktion eines Partners und nicht die Realität selbst, die das zwischenmenschliche Verhalten leiten. Die Erwartungen ergeben sich jedoch aus den Erfahrungen mit der Realität. Die Bindung wird nicht von einem inneren Impuls angetrieben, wie in der Entwicklungstheorie von Piaget. Ebenso widerspricht Bowlbys Theorie psychoanalytischen Ansätzen, die die frühe Erfahrung des Kindes als das Produkt unbewusster innerer Konflikte und nicht der Erfahrung mit der äußeren Realität betrachteten. Nach Bowlby besteht eine Aufgabe der Psychotherapie darin, in der Kindheit erworbene fehlgeleitete Bindungsmuster aufzudecken, um konstruktives zwischenmenschliches Verhalten zu erlernen.

Kinder, die eine unsichere Bindung entwickeln, können nicht nur Beziehungsprobleme als Erwachsene entwickeln, sondern auch zu Eltern werden, die unempfindlich für die Probleme ihrer Kinder sind und dementsprechend nicht reagieren. Allerdings ist unsichere Bindung nicht Schicksal, sondern lässt sich durch geeignete Interventionen überwinden, die die elterliche

Sensibilität verbessern und entsprechend zu einer sicheren Bindung ihrer Kinder führen (Bakermans-Kranenburg, Van Ijzendoorn & Juffer, 2003).

Selbstkontrolle: Langfristige Vorhersagen vom Kindes- zum Erwachsenenalter

Die Entwicklungspsychologie beschreibt, wie geistige Fähigkeiten wachsen und zurückgehen im Laufe der Lebensspanne. Im letzten Abschnitt erwähnten wir, dass Bindungserfahrungen in der Kindheit sich auf erwachsene Beziehungsmuster auswirken können. In diesem Abschnitt diskutieren wir, wie sich Selbstkontrolle im Kindesalter auf das Verhalten im Erwachsenenalter auswirkt. Können wir aus einer Fähigkeit in der Kindheit Auswirkungen für das Erwachsenenleben vorhersagen?

Warum essen wir manchmal ein weiteres Stückchen Schokolade, obwohl wir wissen, dass zu viel ungesund ist? Eine beliebte Antwort ist, dass wir der Versuchung nicht widerstehen konnten; wir haben ein Problem mit der *Selbstkontrolle*. Dieser Ausdruck besagt, dass eine Person einen spontanen, aber schädlichen Impuls hemmen muss. Ungesundes Essen ist ein Beispiel; andere sind Glücksspiele, Shopping, Surfen im Internet, statt zu arbeiten oder zu lernen. Eine mögliche Erklärung für die Aggression des jungen Rauchers in der U-Bahn-Station besteht in einem Mangel an Selbstkontrolle.

Einige Menschen können Impulse besser beherrschen als andere. Diese Tatsache wirft die Frage auf, ob der Grad an Selbstkontrolle als Kind die Fähigkeit als Erwachsener vorhersagen könne, Versuchungen zu widerstehen. Ein Maß der Selbstkontrolle für Kinder, das in die Populärliteratur einging, ist der *Marshmallow-Test*, eingeführt von Walter Mischel in den frühen 1960er Jahren (für eine Übersicht siehe Mischel, Shoda & Rodriguez, 1989). Der Test misst Belohnungsaufschub, das heißt, wie lange ein Kind einer unmittelbaren Belohnung widerstehen kann, um später eine größere Belohnung zu erhalten. In der klassischen Aufgabe sitzt ein Kind im Vorschulalter am Tisch und sieht ein Marshmallow vor sich liegen. Die Versuchsleiterin erzählt dem Kind, dass sie den Raum für eine Weile verlassen müsse und später zurückkomme. Wenn das Kind mit dem Essen des Marshmallows zuwarte, bis sie zurückkomme, dann werde es ein zweites erhalten und könne beide essen; wenn es das Marshmallow isst, bevor die Versuchsleiterin zurückkommt, dann wird es kein zweites Marshmallow bekommen. Die Versuchsleiterin verlässt den Raum und beobachtet durch ein verstecktes Guckloch oder eine im Labor eingebaute Kamera, ob das Kind seine Impulse in Schach halten und die Belohnung aufschieben kann, um das ersehnte zweite Marshmallow zu bekommen. Ein feineres Maß für den Belohnungsaufschub besteht in der Messung der Zeit, die das Kind warten kann, bis es das Marshmallow auf dem Tisch verspeist.

In einigen Situationen ist die Hemmung eines Impulses schwieriger als in anderen. Zum Beispiel essen Kinder das Marshmallow eher, wenn es sichtbar vor ihnen auf dem Tisch liegt. als wenn es verdeckt und deshalb unsichtbar ist. Die Belohnung zu sehen steigert die Versuchung. Kinder verfügen noch nicht über die optimalen Strategien, um Versuchungen zu widerstehen. Wird ihnen die Wahl gegeben, entscheiden sich vierjährige Kinder dafür, das Marshmallow zu sehen, statt es zu verdecken – einige denken, dass dies eine gute Strategie sei, weil sie sich dabei gut fühlen. Erst um das Alter von fünf Jahren herum scheint es Kindern einzuleuchten, dass dies eine kontraproduktive Idee ist und sie das Marshmallow verdecken sollten. Mit zunehmendem Alter besitzen oder lernen Kinder Strategien, wie sie am besten der Versuchung widerstehen. Einige lenken sich mit «lustigen Gedanken» ab. Denken Kinder hingegen während des Wartens an die Belohnung, fällt es ihnen schwerer, der Versuchung zu widerstehen, selbst dann, wenn das Marshmallow verdeckt ist. Trotz dieses allgemeinen Fortschritts in der Entwicklung der Selbstkontrolle sind Kinder gleichen Alters in unterschiedlichem Maße fähig, eine Belohnung aufzuschieben.

Hat die Fähigkeit, einer Versuchung im Vorschulalter zu widerstehen, Vorhersagekraft für spätere Lebensabschnitte? Der Marshmallow-Test bei Kindern im Vorschulalter sagt in der Tat mehrere Fähigkeiten im Jugendalter vorher (siehe Mischel et al.,

1989). Wenn ein Kind im Vorschulalter einer Versuchung länger widerstehen und damit eine Belohnung länger aufschieben konnte, wurden ihm im Jugendalter von seinen Eltern höhere Kompetenz, Intelligenz und Konzentrationsfähigkeit bescheinigt. Diese Jugendlichen waren auch besser darin, Belohnung aufzuschieben, Pläne zu schmieden, Frustration zu tolerieren und ihre Ziele zu verfolgen, als Jugendliche, die in der Kindheit weniger Selbstkontrolle zeigten. Das Resultat des Marshmallow-Tests im Alter von vier Jahren sagte nicht nur von Eltern berichtete Fähigkeiten im Jugendalter vorher, sondern auch die Punktzahl, mit der diese Jugendlichen im *Student Aptitude Test (SAT)* abschnitten, einem standardisierten Test der akademischen Eignung, der in den USA für die Zulassung zur Universität verwendet wird.

Mischel und seine Kollegen fanden heraus, dass Selbstkontrolle im Vorschulalter Resultate in der Adoleszenz vorhersagte. Wie steht es mit Vorhersagen für das Erwachsenenalter? Ein Forschungsteam in Dunedin in Neuseeland erkundete diese Möglichkeit mit über tausend Personen, denen sie von der Kindheit bis ins Erwachsenenalter folgten. Sie maßen Selbstkontrolle im Alter von drei bis elf Jahren, indem speziell geschulte Beobachter, Eltern, Lehrer und die Kinder selbst über ihr Verhalten Auskunft gaben, soweit es mit Selbstkontrolle in Verbindung stand. Dabei ging es unter anderem um Frustration, Impulsivität und Mangel an Durchhaltewillen. Das Ergebnis war: Hohe Selbstkontrolle sagte bessere Gesundheit, höheren Wohlstand und weniger kriminelles Verhalten vorher. Kinder mit niedrigerer Selbstkontrolle entwickelten als Erwachsene mit höherer Wahrscheinlichkeit Drogenabhängigkeit, Übergewicht oder Bluthochdruck. Diese Maße sagen ziemlich gut altersbedingte Krankheiten und Sterblichkeit vorher. Niedrige Selbstkontrolle führte im Durchschnitt zu niedrigerem Einkommen, schlechteren Spargewohnheiten und Schulden. Personen mit niedriger Selbstkontrolle als Kind waren auch eher Alleinerziehende und wurden eher für ein Vergehen verurteilt.

Diese Befunde zeigen, dass frühe Interventionen zur Verbesserung der Selbstkontrolle sich lohnen könnten. In der Tat konnten Moffitt und Kollegen (2011) zeigen, dass niedrige Selbstkontrolle in der Kindheit zu schlechten Entscheidungen im Jugendalter führt, die Konsequenzen für das weitere Leben haben. Beginnt ein Junge zu rauchen oder wird ein Mädchen schwanger, beeinträchtigt dies die Gesundheit oder die Möglichkeit beruflicher Entfaltung und damit finanziellen Wohlstands im weiteren Leben.

Wir haben zu Beginn dieses Abschnitts gesehen, dass Kinder sich in der Fähigkeit zur Ausübung von Selbstkontrolle unterscheiden. Die Befunde zur langfristigen Vorhersage einer Reihe von Eigenschaften durch frühe Selbstkontrolle lassen vermuten, dass individuelle Unterschiede in der Persönlichkeit und Intelligenz über die Zeit ziemlich stabil bleiben.

6. Persönlichkeit und Intelligenz: Individuelle Unterschiede

In den vorherigen Kapiteln haben wir generelle Mechanismen beschrieben, die das Verhalten steuern. Zum Beispiel mag Lisa als Kind einem bellenden Hund begegnet sein, was ihr Furcht einflößte. Aber nicht jedes Kind, das einen bellenden Hund hört, entwickelt Furcht. Personen unterscheiden sich in ihren Reaktionen auf dieselben Situationen. Deshalb erforschen Psychologen individuelle Unterschiede. Wo kommen diese her? Wie können sie gemessen werden? Zu welchen Konsequenzen führen sie? In den ersten zwei Abschnitten diskutieren wir zwei Arten individueller Unterschiede, Persönlichkeit und Intelligenz. Die Persönlichkeitspsychologie erkundet, inwiefern sich Personen darin unterscheiden, *wie* sie denken, fühlen und handeln. Warum sind einige Personen vorsichtiger als andere? Oder ausdauernder? Oder netter? Die Intelligenzforschung hingegen erkundet, inwiefern sich Personen darin unterscheiden, *wie gut* sie denken und in ihrer Umwelt handeln. Wie gut können Personen Informationen erinnern oder Probleme lösen?

In der Person-Situations-Kontroverse wurde darüber gestritten, ob Verhalten durch Merkmale der Person oder der Situation bestimmt ist. Bis zu welchem Grad kann die Persönlichkeit Verhalten vorhersagen? Deshalb behandelt der letzte Abschnitt dieses Kapitels die Frage, inwiefern Persönlichkeitsmerkmale und Intelligenz vorhersagen können, wie eine Person in der Schule und im Studium abschneiden wird, welcher Erfolg ihr im Beruf beschieden ist, wie gesund sie sein und wie alt sie werden wird.

Persönlichkeitspsychologie

Lange nahmen Menschen an, dass Personen einen stabilen Charakter haben. Im Alltagsleben oder in der Erziehung brauchen wir oft den Ausdruck Charakter, der sich nicht nur auf Merkmale einer Person bezieht, sondern auch darauf, inwiefern sich eine Person moralisch auszeichnet. Deshalb bevorzugen Psychologen den neutraleren Ausdruck *Persönlichkeit*, der Muster des Denkens, Fühlens und Handelns bezeichnet, die typisch für eine bestimmte Person sind. Woher kommen aber stabile Persönlichkeitsmerkmale? Die Faktoren, welche die Persönlichkeit formen, sind die gleichen, die Verhalten überhaupt zugrunde liegen. Die Unterscheidung zwischen Anlage und Umwelt besagt, dass die Persönlichkeit über Gene vererbt wird, von der Umwelt stammen – oder beides.

In der Tat sind Persönlichkeitsmerkmale vererbbar – aber nur zu einem gewissen Grad. Nach Rothbart (2007) ist die Persönlichkeit das Produkt sowohl von Temperament als auch Erfahrung. Der Ausdruck *Temperament* bezieht sich auf allgemeine Neigungen wie positive Emotionalität, Aktivität, Furcht oder Reizbarkeit, die alle eine biologische Grundlage haben und vererbt sind. Diese Neigungen sind in frühester Kindheit vorhanden und bilden die Anfänge, auf deren Grundlage sich die Persönlichkeit entwickelt.

Allerdings können Erbfaktoren nur einen Teil der Persönlichkeit einer Person erklären. Auch Umweltfaktoren tragen zur Persönlichkeit bei. Umweltfaktoren können frühe Kindheitserfahrungen beinhalten. Psychoanalytiker dachten, dass unbewusste Konflikte in der frühen Kindheit, zum Beispiel zwischen einem verbotenen Wunsch sexueller Art und den Normen der Gesellschaft, sich im Handeln als Erwachsener auswirken. Die Behavioristen behaupteten, dass individuelle Unterschiede frühen Lernerfahrungen entstammen; Reaktionsmuster, die in der frühen Kindheit konditioniert worden sind, können sich bis ins Erwachsenenalter auswirken. Schließlich trägt Sozialisation zur Entwicklung der Persönlichkeit bei. Eltern als Teil einer Kultur lehren ihre Kinder, wie sie sich verhalten sollen. So ist Selbstkontrolle bei Erwachsenen zum Teil das Resultat von früher Sozialisation zu Disziplin, indem zum Beispiel Übertretungen korrigiert werden.

Nachdem wir gesehen haben, wie individuelle Unterschiede entstehen, wenden wir uns der Messung von Persönlichkeitsmerkmalen zu. *Persönlichkeitsmerkmale* sind kognitive, emotionale und Verhaltenseigenschaften, die über die Zeit stabil bleiben. Die Sprache ist reich an Wörtern, die Persönlichkeitsmerkmale beschreiben. Nun wäre es unmöglich, alle diese Wörter für einen Test zu gebrauchen. Glücklicherweise hängen einige Eigenschaftswörter mehr miteinander zusammen als mit anderen. Schauen wir uns zehn Eigenschaftswörter an: *selbstsicher*, *energisch*, *scheu*, *ängstlich*, *vertrauensvoll*, *kooperativ*, *effizient*, *ordentlich*, *phantasievoll* und *künstlerisch*. Man sieht sofort, dass *selbstsicher* und *energisch* von ihrer Bedeutung her enger miteinander verwandt sind als mit den anderen acht Wörtern; dasselbe gilt für *scheu* und *ängstlich*. Wenn eine Person sich selbst mithilfe dieser Eigenschaftswörter einschätzen muss und sie die Eigenschaft *selbstsicher* hoch bewertet, dann trifft das mit hoher Wahrscheinlichkeit auch für die Eigenschaft *energisch* zu, nicht notwendigerweise aber für *scheu* und *ängstlich*. Eigenschaftswörter, die sich in der Bedeutung ähnlicher sind, bilden denselben Faktor – oder, wie Statistiker sagen, «laden auf» demselben Faktor.

Unsere Liste von zehn Eigenschaftswörtern ergäbe fünf Faktoren, wobei *selbstsicher* und *energisch* auf dem ersten Faktor laden, *scheu* und *ängstlich* auf dem zweiten, *vertrauensvoll* und *kooperativ* auf dem dritten, *effizient* und *ordentlich* auf dem vierten und *phantasievoll* und *künstlerisch* auf dem fünften Faktor (siehe Tabelle 2).

Die heute meistverbreitete Lösung beinhaltet fünf Faktoren, die die Persönlichkeit beschreiben, das sogenannte *Fünf-Faktoren-Modell* oder nach dem Englischen *«Big Five»* (für eine Zusammenfassung siehe Funder, 2013). In dem Beispiel, das in Tabelle 2 die Faktoranalyse illustriert, verwende ich zehn Eigenschaftswörter, die auf den fünf Faktoren der «Big Five» laden.

Der erste der fünf Faktoren ist *Extraversion*. Er beschreibt

Tabelle 2: Wie Eigenschaftswörter sich in Faktoren gruppieren

Faktor 1	Faktor 2	Faktor 3	Faktor 4	Faktor 5
Selbstsicher	Scheu	Vertrauensvoll	Effizient	Phantasievoll
Energisch	Ängstlich	Kooperativ	Ordentlich	Künstlerisch

Personen, die im Umgang warm, gesellig, selbstsicher, energisch, abenteuerlich und enthusiastisch sind. Das Gegenteil davon ist *Introversion*; diese Personen sind im Umgang weniger warm und gesellig. Sie sind ruhiger und reservierter.

Der zweite Faktor ist *Neurotizismus*. Personen mit einem hohen Grad an Neurotizismus tendieren dazu, ängstlich, reizbar, deprimiert, scheu, launisch und verwundbar zu sein. Da dies der einzige der fünf Faktoren ist, der mit einer negativen Bezeichnung versehen wurde, haben einige Theoretiker vorgeschlagen, ihn *emotionale Stabilität* zu nennen, was eine Person mit einer positiveren Emotionalität beschreibt.

Der dritte Faktor ist *Verträglichkeit*. Dies sind Personen, die vertrauensvoll und nachsichtig sind; sie fordern nicht, sind uneigennützig, kooperativ und bescheiden. Die Alltagsbezeichnung «nett» beschreibt diesen Faktor ganz gut. Personen, die niedrige Werte auf diesem Faktor aufweisen, sind eher unnachsichtig, fordernd und eigennützig.

Der vierte Faktor, *Gewissenhaftigkeit*, bezeichnet eine Person, die effizient, ordentlich, pflichtbewusst und leistungsorientiert ist, sich Entscheidungen gut überlegt und eine hohe Selbstdisziplin hat. Sie haben sicher bemerkt, wie nahe Gewissenhaftigkeit mit Selbstkontrolle in Beziehung steht, von der wir im letzten Kapitel sprachen. Personen mit niedriger Gewissenhaftigkeit tendieren zu Unordentlichkeit und Ineffizienz, zu Faulheit und Impulsivität.

Als Fünftes bezeichnet der Faktor *Offenheit* Personen, die neugierig, phantasievoll, künstlerisch, begeisterungsfähig und unkonventionell sind.

Wir haben zwei Hauptursachen für das Auftreten von Persönlichkeitsmerkmalen erwähnt, Gene und die Umgebung. Folgt man der genetischen Erklärung, so müssten Eigenschaften evolutionäre Wurzeln haben. Stabile Veranlagungen zu denken, zu fühlen und zu handeln befähigen Personen, sich an die Umgebung anzupassen. Zum Beispiel könnte das Persönlichkeitsmerkmal Verträglichkeit dazu beitragen, persönliche Beziehungen aufzubauen und zu pflegen. Solche Persönlichkeitseigenschaften müssten eigentlich universal sein, ohne dass große kulturelle Unterschiede auftreten. Kulturelle Erklärungen der Persönlichkeit sagten hingegen vorher, dass die unterschiedlichen Kulturen ihre Normen und Denkweisen weitergeben. Da Kulturen sich in ihren Normen, Denkweisen und Erziehungspraktiken unterscheiden, erwarteten wir, dass die Muster der Persönlichkeitsmerkmale je nach Kultur unterschiedlich sind. Allerdings gibt es Hinweise darauf, dass das Fünf-Faktoren-Modell der Persönlichkeit für alle untersuchten Kulturen gilt; Unterschiede gibt es nur in Details. Dieser Befund stützt die evolutionäre Annahme, dass die Aufgaben für das Überleben und die Anpassung an die Umwelt über die Kulturen hinweg die gleichen sind. Die universalen Überlebensaufgaben spiegeln sich in der universalen Struktur der Persönlichkeit (siehe John & Srivastava, 1999).

Was kann uns die Persönlichkeitspsychologie über die Persönlichkeit eines Kriminellen, Lisas Angst vor Hunden oder Georgs Lernschwierigkeiten lehren? Möglicherweise findet ein Persönlichkeitstest heraus, dass bei einer Person, die kriminelle Handlungen begeht, der Faktor Gewissenhaftigkeit niedrige Werte aufweist, während bei Lisa der Faktor Neurotizismus ausgeprägt ist. Allerdings müssen wir diese Werte unabhängig vom Verhalten messen. Wir dürfen zum Beispiel nicht einfach annehmen, dass bei Lisa Neurotizismus ausgeprägt ist, weil sie vor Hunden Angst hat; dies wäre eine zirkuläre Definition. Es gibt viele mögliche Erklärungen für Georgs schlechte Schulleistungen. Eine davon ist, dass er faul ist, was sich in niedriger Gewissenhaftigkeit zeigen würde. Es gibt aber eine andere Möglichkeit: Vielleicht ist er nicht intelligent genug.

Intelligenz

Wenn Georg schwache Schulleistungen erbringt, was bedeutet es dann, zu meinen, dass er nicht intelligent genug sei? Als eine erste Annäherung können wir sagen, dass seine intellektuellen Fähigkeiten nicht genügend an die Umwelt angepasst sind, um in einer gegebenen Gesellschaft gut zu funktionieren. Denn *Intelligenz* ist die globale Kapazität einer Person, zielgerichtet zu handeln, rational zu denken und sich ihrer Umwelt anzupassen (zum Beispiel Wechsler, 1944; für eine detailliertere Übersicht, siehe Kapitel 10 in Holt et al., 2015).

Der erste Intelligenztest wurde vom französischen Psychologen Alfred Binet zu Beginn des 20. Jahrhunderts entwickelt. Er wollte die geistigen Fähigkeiten von Kindern so früh wie möglich messen, um intellektuelle Defizite zu entdecken und durch heilpädagogische Maßnahmen zu beheben. Um die Intelligenz zu messen, stellte Binet den Kindern Aufgaben, die ihrem Alter angepasst waren. Aufgrund seiner Beobachtungen erwartete er von einem vierjährigen Kind, dass es die Aufgabe «Am Tag ist es hell; in der Nacht ist es …» lösen kann. Ein sechsjähriges Kind erhielt die Aufgabe «Ein Zentimeter ist kurz, ein Kilometer ist …». Mit neun Jahren wurde die Lösung der folgenden Aufgabe erwartet: «Wenn du Schokolade für vier Cent kaufst und du bezahlst 10 Cent, wie viel Wechselgeld erhältst du zurück? Wenn ein sechsjähriges Kind die Aufgabe eines neunjährigen lösen konnte, dann betrug sein *mentales Alter* nach Binet neun Jahre, obwohl sein chronologisches Alter sechs Jahre war.

Nach Binet führte der deutsche Psychologe William Stern das Konzept des *Intelligenzquotienten* ein, abgekürzt *IQ*. Er wird ermittelt, indem man den Quotienten des mentalen Alters durch das chronologische Alter dividiert und mit 100 multipliziert. Wenn das Intelligenzalter mit dem chronologischen Alter übereinstimmt, ergibt sich ein IQ von 100. Ein achtjähriges Kind, das die Aufgaben für ein zehnjähriges Kind lösen kann, hat einen IQ von 10 geteilt durch 8 mal 100, was 125 ergibt. Dagegen hat ein zehnjähriges Kind, das die Aufgaben für ein achtjähriges Kind lösen kann, einen IQ von 8 geteilt durch 10 mal 100;

dies ergibt 80. Später wurde das Konzept des mentalen Alters aufgegeben, weil es nicht erlaubte, den IQ von Erwachsenen zu messen. Wenn ein Zwanzigjähriger die Aufgaben für einen Sechzigjährigen lösen könnte, wäre der IQ 300! Heutzutage sind Intelligenztests standardisiert.

Ein Beispiel eines standardisierten Tests ist der *Hamburg-Wechsler-Intelligenztest für Erwachsene (HAWIE),* der ursprünglich von David Wechsler in den späten 1930er Jahren entwickelt wurde. Um die Standardisierung zu erreichen, lässt man den Intelligenztest von einer repräsentativen Stichprobe, die Hunderte von Testpersonen umfasst, ausfüllen. Die durchschnittliche Leistung wird als IQ = 100 definiert; die Standardabweichung beträgt 15 Punkte. Bei diesen Werten handelt es sich um Konventionen. Die *Standardabweichung* ist ein Maß für die Streuung der Werte um den Mittelwert. Wichtig für uns ist der Umstand, dass die Leistung von etwa 68 Prozent der Population innerhalb einer Standardabweichung angesiedelt ist. Dies heißt, dass etwa 68 Prozent der erwachsenen Bevölkerung einen IQ zwischen 85 und 115 haben. Des Weiteren haben etwa 95 Prozent einen IQ zwischen 70 und 130. Nach einiger Zeit verlangt ein Intelligenztest eine neue Standardisierung, weil die durchschnittliche Intelligenz in den letzten Jahrzehnten gestiegen ist, wie wir weiter unten sehen werden.

Im frühen 20. Jahrhundert begannen Psychologen die Frage aufzugreifen, inwiefern sich Personen in den mentalen Fähigkeiten unterscheiden. Charles Spearman behauptete, dass es nur einen *allgemeinen Intelligenzfaktor* gebe, von ihm Faktor g genannt (vom Englischen «general», allgemein). Diesen Schluss zog Spearman aus der Beobachtung, dass alle Testleistungen miteinander korreliert sind. Das heißt, wenn eine Person bei dem einen Test – zum Beispiel Zahlenfertigkeit – gut abschneidet, erbringt sie auch bei allen anderen Untertests, wie Wörter verstehen oder Analogien bilden, gute Leistungen. Kritiker merkten bald, dass zwar alle Tests miteinander moderat korrelieren, dass aber Gruppen einzelner Tests hoch miteinander korrelieren. Intelligenzforscher schlossen daraus, dass Intelligenz mehr als einen Faktor beinhaltet. Die berühmteste Multifaktorlösung stammt von Louis Leon Thurstone(1938), der sieben Faktoren fand und daher sieben primäre mentale Fähigkeiten vorschlug, darunter Wahrnehmungsgeschwindigkeit, Zahlenfertigkeit, verbales Verständnis und Schlussfolgern.

Ein Kompromiss zwischen einem allgemeinen Intelligenzfaktor und Thurstones Multifaktorlösung ist die weithin anerkannte Einteilung der allgemeinen Intelligenz in zwei Faktoren, fluide Intelligenz und kristalline Intelligenz. *Fluide Intelligenz* ist die Begabung, Probleme zu lösen, für die keine vorgefertigte Strategie vorhanden ist. Schlussfolgerungen ziehen und kreatives Problemlösen dürften zur fluiden Intelligenz gehören. *Kristalline Intelligenz* hingegen ist die Begabung, früheres Wissen auf Probleme anzuwenden, wozu das Erlernen und Anwenden von Vokabeln oder der Gebrauch von Wissen zum Lösen von Problemen gehören. Es gibt drei Arten von Evidenz, die die Einteilung in fluide und kristalline Intelligenz stützt (siehe Nisbett, 2009). Als Erstes haben wir bereits in Kapitel 4 gesehen, dass Verletzungen des Frontallappens in einer Herabsetzung der Funktion der exekutiven Funktionen, zum Beispiel des Planens, resultieren. Solche Verletzungen vermindern die fluide Intelligenz, aber nicht die kristalline Intelligenz. Auf der anderen Seite zeigen Personen, die an Autismus leiden, das umgekehrte Muster, hohe fluide, aber niedrige kristalline Intelligenz. Dies ist eine doppelte Dissoziation, die zeigt, dass zwei unterschiedliche Mechanismen oder Systeme der fluiden und kristallinen Intelligenz zugrunde liegen. Zweitens zeigen Hirnabbildungsstudien, dass Aufgaben, die fluide Intelligenz verlangen, andere Hirnareale aktivieren als Aufgaben, die der Messung kristalliner Intelligenz dienen. Schließlich unterscheiden sich die zwei Formen der Intelligenz hinsichtlich ihres Verlaufes in der Lebensspanne. Während die fluide Intelligenz ansteigt bis etwa Mitte 20 und dann langsam absinkt, nimmt die kristalline Intelligenz mit dem Alter zu und flacht schließlich ab, wird aber selbst im hohen Alter nicht niedriger.

Der am häufigsten gebrauchte Intelligenztest, der *HAWIE*, basiert auf der Annahme, dass es vier unterschiedliche mentale Fähigkeiten gibt: Sprachverständnis, wahrnehmungsgebundenes Denken, Arbeitsgedächtnis und Verarbeitungsgeschwindigkeit.

Ein Problem mit traditionellen Intelligenztests wie dem HAWIE ist, dass sie Aufgaben beinhalten, die durch Schulung beeinflusst werden können. Zum Beispiel ist die Skala Sprachverständnis etwas, das Kinder in der Schule üben. Diese Tests scheinen die Leistung zu messen – was ein Kind tatsächlich kann – statt der Begabung, also das intellektuelle Potential zur Aufgabenlösung.

Zudem sind Tests wie der HAWIE kulturabhängig und auf westliche Testpersonen zugeschnitten, so dass Personen aus anderen Kulturkreisen im Nachteil sein könnten. Deshalb streben Testentwickler Intelligenzmessungen an, die kulturfrei sind und für Personen aller Kulturkreise zu vergleichbaren Ergebnissen führen. Am bekanntesten sind die *Matrizen von Raven* (siehe Abbildung 3). Wie Sie sehen können, ist der Test sprachfrei und kann deshalb selbst von Personen gelöst werden, die nie zu lesen gelernt haben. Allerdings gibt es Zweifel daran, dass der Test von Raven kulturfrei ist, wie wir noch sehen werden.

Obwohl Intelligenz zu einem gewissen Grad erblich ist, spielen die Umwelt und kulturelle Faktoren eine wichtige Rolle, vor allem die Schulbildung. Eine Konsequenz dieser Umwelt- und Kultureinflüsse ist der *Flynn-Effekt*. Dieser Effekt ist nach dem Intelligenzforscher James Flynn benannt, der entdeckte, dass im Westen seit etwa den 1930er Jahren die Leistung in Intelligenztests um etwa drei Punkte pro Jahrzehnt anstieg (z. B. Flynn, 1987). Da Intelligenztests in regelmäßigen Abständen standardisiert werden, damit der durchschnittliche IQ 100 bleibt und die Standardabweichung 15 Punkte, hat eine Person mit durchschnittlicher Intelligenz sowohl im Jahr 1960 wie auch im Jahr 2010 einen IQ von 100. Nur basieren diese Werte auf verschiedenen Normen. Aufgrund der Beobachtung, dass der durchschnittliche IQ jedes Jahrzehnt um drei Punkte steigt, können wir ausrechnen, dass eine Person, die im Jahr 2010 einen IQ von 100 hatte, nach den Normen von 1960 einen IQ von 115 gehabt hätte. Andererseits hätte eine Person mit einem IQ von 100 im Jahre 1960 einen IQ von 85 im Jahre 2010.

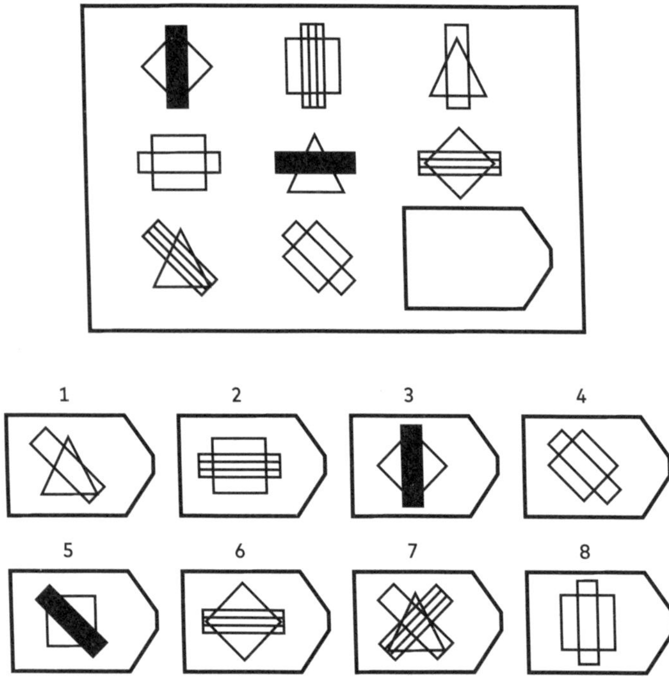

Abbildung 3: Ein Beispiel der Art von Aufgaben, wie sie in den Matrizen von Raven verwendet werden. Testpersonen müssen aus den acht Möglichkeiten in der unteren Hälfte diejenige wählen, welche das fehlende Bild in der Aufgabe oben ergänzt. Alternative 5 ist hier die richtige Antwort. Es ist bemerkenswert, dass Testverlage nicht zulassen, dass die ursprünglichen Testaufgaben wiedergegeben werden; darum stammt dieses Beispiel aus einem Forschungsartikel, in dem ähnliche Aufgaben nach dem gleichen Prinzip verwendet wurden. Quelle: Carpenter, P. A., Just, M. A., & Shell, P. (1990). What one intelligence test measures: a theoretical account of the processing in the Raven Progressive Matrices Test. *Psychological Review, 97*, 407.

Was genau verursacht den Flynn-Effekt? Ein Grund ist die verbesserte Ernährung. Allerdings erklärt Ernährung nur einen Teil des Flynn-Effektes in westlichen Ländern; seit dem Zweiten Weltkrieg litten nur wenige Kinder an Nährstoffmängeln. Wichtiger sind die Schulbildung und die Verlagerung von Hilfs- und

Industriearbeit zu einer Wissensökonomie, in der genau jene Fertigkeiten zählen, die in Intelligenztests gemessen werden. Ich erwähnte früher, dass es einige Zweifel gibt, dass die Matrizen von Raven ein kulturfreier Intelligenztest seien. Ein Grund dafür liegt an der Tatsache, dass in den letzten Jahrzehnten gerade bei den Matrizen von Raven beträchtliche Steigerungen der Testleistungen beobachtet werden konnten, welche höher waren als bei kulturabhängigen Tests wie dem HAWIE. Wahrscheinlich hat sich die westliche Schulerziehung vom Auswendiglernen zum Erkennen von Mustern und abstrakten Denken verlagert, jenen Fertigkeiten also, die im Raven-Test geprüft werden.

Schließlich haben Eltern weniger Nachkommen, investieren aber mehr Zeit und Ressourcen in diese. In letzter Zeit flachte der Flynn-Effekt im Westen ab, während in Schwellen- und Entwicklungsländern Verbesserungen möglich sind.

Unsere Diskussion über die Gründe des Flynn-Effekts hilft auch, eine der hitzigsten Debatten in der Psychologie zu lösen. Die Debatte entzündete sich an der Beobachtung, dass es kleine, aber stabile Unterschiede in der Intelligenz zwischen weißen und schwarzen Testpersonen gab. Die Interpretation, dass diese Unterschiede erblich bedingt sind, muss mit Vorsicht geäußert werden, weil damit politische Benachteiligung begründet werden könnte. Wenn Intelligenzunterschiede tatsächlich vererbt sind, warum soll der Staat dann Programme finanzieren, die die Intelligenz der von Haus aus Minderbegabten fördern? Allerdings zeigt der Effekt der Schulbildung, dass Intelligenzunterschiede zwischen Rassen* durch kulturelle und soziale Unterschiede bedingt sein könnten. Die Tatsache, dass es genetische Unterschiede in intellektuellen Fähigkeiten und Rassenunterschiede in den Leistungen in Intelligenztests gibt, heißt nicht notwendigerweise, dass diese Rassenunterschiede genetisch bedingt und damit unveränderbar sind. In der Tat spielt die Umwelt für

* In den USA wird der Begriff der «Rasse» weiterhin verwendet, da er nicht nur – wie im Deutschen – biologisch verstanden wird, sondern auch als soziale Konstruktion. Deshalb findet man auch in neueren US-amerikanischen Publikationen den Begriff «race», während man im Deutschen zum Begriff der «Ethnie» übergegangen ist.

die Entwicklung der Intelligenztests und damit das Abschneiden in den Tests eine ebenso wichtige Rolle wie die Gene. Dies heißt, dass Rassenunterschiede durchaus durch Unterschiede in der Schulbildung erklärt werden könnten. Rassenunterschiede in der Intelligenz und ihre möglichen politischen Auswirkungen sind ein Musterbeispiel für die Vorsicht, die Wissenschaftler bei der Interpretation ihrer Forschungsdaten walten lassen müssen.

Individuelle Unterschiede in der Praxis

Im letzten Kapitel haben wir gesehen, dass ein einfacher Test des Belohnungsaufschubs in der Kindheit Schulleistungen, Gesundheit, Drogenabhängigkeit und strafrechtliche Verurteilungen im späteren Leben vorhersagen kann. Einige Arbeitgeber nutzen Intelligenz- und Persönlichkeitstests unter der Annahme, dass sie damit die besten Stellenbewerber auswählen können. Sagen diese Tests wirklich beruflichen Erfolg vorher? Sagen diese Tests außerdem auch etwas aus über die Gesundheit, so wie die Selbstkontrolle in der Kindheit die Gesundheit im Erwachsenenleben vorhersagt? Sehen wir uns zuerst den beruflichen Erfolg an und dann die Gesundheit.

Intelligenz sagt den beruflichen Erfolg ganz gut vorher, mit Korrelationen von durchschnittlich 0,5. Vereinfacht besagt diese Korrelation, dass wenn einer Anstellung ein Intelligenztest zugrunde gelegt wird, so ist die Entscheidung in 75 von hundert Fällen richtig, aber auch in 25 Prozent der Fälle falsch. Das ist nicht schlecht. Je komplexer die Anforderungen der Stelle sind, desto besser sagt Intelligenz den beruflichen Erfolg vorher. Interessanterweise sagen allgemeine Intelligenztests den beruflichen Erfolg besser vorher als spezifische Begabungstests, die auf einen Beruf zugeschnitten sind, und auch besser als Berufserfahrung oder Persönlichkeitszüge (Schmidt & Hunter, 2004). Da die Intelligenz den Berufserfolg vorhersagt, kann man mit dem Mythos aufräumen, dass Intelligenz nutzlos für das Berufsleben sei. Wäre dies richtig, könnte Intelligenz nicht beruflichen Erfolg vorhersagen. Das gilt auch für schulischen Erfolg.

Nicht nur Intelligenz, sondern auch Gewissenhaftigkeit sagen

Schul- und Berufserfolg vorher. Erinnern wir uns, dass bessere Selbstkontrolle im Alter von vier Jahren eine bessere Punktzahl im SAT, einem standardisierten Test, vorhersagte (Mischel et al., 1989). Selbstkontrolle ist ein Teil der Gewissenhaftigkeit, einer der Persönlichkeitsfaktoren des Fünf-Faktoren-Modells. Wahrscheinlich sagen Intelligenztests vorher, wie gut eine Person mit Anforderungen im Allgemeinen zurechtkommt, während Persönlichkeitseigenschaften vorhersagen, wie gut eine Person zu einer spezifischen Stelle passt.

Persönlichkeits- und Intelligenztest sagen aber nicht nur beruflichen Erfolg vorher, sondern auch die Gesundheit. Sehen wir uns zuerst Persönlichkeitseigenschaften an. Der gesunde Menschenverstand sagt uns, dass Optimismus und Glückgefühl uns helfen, gesund zu bleiben. Deshalb empfiehlt auch die Ratgeberliteratur Optimismus als Mittel, um Krankheiten zu verhindern oder gar zu heilen. Befragt man Personen über ihre Gesundheit, dann ergibt sich tatsächlich ein positiver Zusammenhang zwischen Optimismus und berichteter Gesundheit. Sobald man aber objektive Maße für die Gesundheit verwendet, zum Beispiel die Lebensdauer, lassen sich diese Befunde nicht erhärten. Es scheint vielmehr, dass Optimisten und glückliche Menschen sich selbst als gesünder einschätzen, ohne es wirklich zu sein (Friedman & Kern, 2014). Ein Grund für den fehlenden Zusammenhang zwischen Glück und Gesundheit hat mit der Tatsache zu tun, dass nicht alles, was uns glücklich macht, auch gesund ist. Zum Beispiel mögen Sport im Fernsehen, Bier und Süßigkeiten Personen kurzfristig glücklich machen, sind aber langfristig der Gesundheit abträglich. Auf der anderen Seite machen uns das Leben in einer stabilen Ehe und tägliche Spaziergänge in der freien Natur glücklich und gesund zugleich. Nicht das Gefühl des Glücks beeinflusst also die Gesundheit, sondern glücklich machende Tätigkeiten fördern oder gefährden sie.

Der Faktor, der Gesundheit am besten vorhersagt, ist Gewissenhaftigkeit, einer der Faktoren des Fünf-Faktoren-Modells. In der Tat sagt Gewissenhaftigkeit in der Kindheit Langlebigkeit Jahrzehnte später vorher. Wie kann man sich diese Befunde erklären? Friedman und Kern (2014) nennen mehrere positive

Auswirkungen der Gewissenhaftigkeit auf die Gesundheit. Erstens zeigen gewissenhafte Personen gesundheitsfördernde Verhaltensweisen – sie rauchen im Schnitt weniger, essen gesündere Nahrung und verwenden beim Autofahren Sicherheitsgurte. Diese Beobachtungen entsprechen den im letzten Kapitel berichteten Befunden, wonach Selbstkontrolle die Gesundheit verbessert (Moffitt et al., 2011). Zweitens wählen gewissenhafte Personen gesündere Umgebungen und haben stabilere Ehen. Drittens haben wir bereits gesehen, dass gewissenhafte Personen mehr Erfolg in Schule und Beruf haben. Da sie mehr verdienen, können sie sich gesündere Nahrungsmittel und bessere Gesundheitsdienste leisten. Selbst bei Problemen im Beruf sind gewissenhafte Personen besser vorbereitet, um dem Berufserfolg abträgliche Auswirkungen eines Rückschlags aufzufangen.

Intelligenz sagt auch die Lebensdauer vorher; Intelligente leben länger. Warum führt Intelligenz zu Langlebigkeit? Intelligente Personen dürften gesundheitsbezogene Einstellungen und Verhaltensweisen zeigen, die zu höherer Lebensdauer führen. Es kann sogar sein, dass hohe Intelligenz die Lebensdauer erhöht, weil intelligente Personen gute Patienten sind. Ein «guter Patient» ist fähig, Kenntnisse über seine Krankheit und die besten Behandlungsmöglichkeiten zu erwerben sowie Probleme zu erörtern und zu lösen (Gottfredson, 2004). Allerdings zeigten tiefergehende Untersuchungen, dass Gewissenhaftigkeit Lebensdauer besser vorhersagt als Intelligenz und damit diese Persönlichkeitseigenschaft für die Gesundheit wichtiger ist als intellektuelle Fähigkeiten.

Fassen wir zusammen: Individuelle Differenzen in stabilen Eigenschaften, zum Beispiel Persönlichkeitsmerkmalen oder Intelligenz, können wichtige persönliche Errungenschaften wie Berufserfolg oder Lebensdauer vorhersagen. In der Person-Situation-Kontroverse, die in der Einleitung dieses Buches erwähnt wurde, verwendeten Persönlichkeitspsychologen solche Befunde, um die Vorhersagekraft von Persönlichkeitseigenschaften zu belegen. Einige Verhaltensweisen lassen sich aber besser durch die Situation als durch individuelle Unterschiede erklären, wie wir im nächsten Kapitel sehen werden.

7. Mit Anderen leben: Sozialpsychologie

Im letzten Kapitel haben wir stabile Eigenschaften betrachtet und damit die Person-Seite in der Person-Situations-Kontroverse zur Erklärung des Verhaltens beleuchtetet. Den jungen Raucher, der den U-Bahn-Angestellten angriff, betrachteten wir aus dem Blickwinkel der Persönlichkeitspsychologie. Im Gegensatz zur Persönlichkeitspsychologie betrachtet die Sozialpsychologie die Situationsseite der Person-Situations-Kontroverse. Sie würde fragen: Was hat die Aggression des jungen Mannes ausgelöst? Im Allgemeinen untersucht die Sozialpsychologie die Prozesse sozialer Interaktion und ihre Ursprünge in der Situation.

Dieses Kapitel beginnt mit einer klassischen Theorie des Hilfeverhaltens, das die Macht der Situation aufzeigt. Danach diskutieren wir zwei andere Bereiche der Sozialpsychologie, Partnerwahl und das Lösen von Konflikten zwischen Gruppen.

Die Macht der Situation

Einige Verhaltensweisen sind rätselhaft, zum Beispiel, wenn Personen einem Verbrechen zuschauen oder zuhören, ohne zu helfen – sie rufen nicht einmal die Polizei. Ein klassisches Beispiel ist Kitty Genovese, eine junge Kellnerin in New York. Sie wurde in den 1960er Jahren außerhalb eines Wohnblocks vergewaltigt und ermordet, als sie in einer Nacht auf dem Heimweg war. Obwohl Dutzende von Mietern Genovese schreien hörten, half niemand, und niemand rief die Polizei während der 40 Minuten, die das Verbrechen dauerte. Die Teilnahmslosigkeit der Durchschnittsbürger gegenüber einer jungen Frau in Not war erschreckend. Wie kann man dieses Verhalten erklären? Die Psychologen John Darley und Bibb Latané (1968) erstellten und überprüften ein Modell des Hilfeverhaltens, das die psychologischen Gründe für die Teilnahmslosigkeit der Menschen in solchen Situationen aufdeckte.

Damit eine Person hilft, muss sie die Situation als einen Notfall erkennen und dann entscheiden, ob sie die richtige Person ist, um zu helfen. Zwei Mechanismen entscheiden, ob eine Person die Situation als einen Notfall erkennt: Beobachtungslernen und das Vorhandensein von pluralistischer Ignoranz. Wir sind dem Beobachtungslernen in Kapitel 1 begegnet. So wie Robert von anderen lernen kann, Aggression auszuüben, kann er auch von anderen lernen zu helfen. Beobachtet er zum Beispiel während einer Autofahrt, wie jemand einer Autofahrerin hilft, die eine Reifenpanne hat, dann ist es wahrscheinlicher, dass er selbst hilft, wenn er einige Kilometer später eine ähnliche Situation antrifft.

Ist die Situation nicht eindeutig, können wir das Gegenteil beobachten. Liegt ein Mann am Wegrand, ist es oft unklar, ob er ohnmächtig geworden ist und Hilfe braucht oder nur betrunken ist und schläft. Else mag für sich selbst denken, dass es sich um einen Notfall handeln könnte, sieht aber, dass andere Passanten nicht reagieren. Da jedermann zu glauben scheint, dass es sich um keinen Notfall handelt, übernimmt auch sie diese Meinung. Wenn alle Passanten gleich denken wie Else – dass es sich um einen Notfall handeln könnte, da aber niemand reagiert, es wahrscheinlich keiner ist –, handelt niemand nach seinen eigenen Ansichten, sondern danach, was sie oder er glaubt, dass alle denken. Dieser Widerspruch zwischen den eigenen Ansichten und den vermeintlich unterschiedlichen Ansichten Anderer wird *pluralistische Ignoranz* genannt.

Selbst wenn man versteht, dass es sich um einen Notfall handelt, ist nicht garantiert, dass Passanten helfen. Die Gegenwart anderer Personen führt zu *Verantwortungsdiffusion*. Je mehr Individuen am Ort sind, desto weniger fühlt sich jeder Einzelne verantwortlich zu helfen. Tatsächlich zeigen Studien, dass mit steigender Anzahl möglicher Helfer die Wahrscheinlichkeit sinkt, dass einer Person in Not geholfen wird. Im Falle von Kitty Genoveses Tod unterließen die Nachbarn nicht darum jede Hilfe, *obwohl*, sondern *weil* so viele hätten helfen können, was zu einer Diffusion der Verantwortung führte.

Die Studien zum Hilfeverhalten wurden zusammen mit anderen Studien – am bekanntesten ist das sogenannte *Milgram-Experiment* zum Gehorsam – als Evidenz für die Bedeutung der Situation für das Verhalten angesehen. Unterschiede in Persönlichkeitseigenschaften können solches Verhalten kaum erklären.

Einige der Faktoren, die dazu führen, dass Passanten helfen, schließen komplexe Denkprozesse mit ein. Zum Beispiel mag ein Passant annehmen, dass eine der drei dabeistehenden Frauen hilft, wenn diese die Situation als Notfall betrachten. Solche Gedankengänge werden in der in Kapitel 2 beschriebenen Kognitionspsychologie untersucht. Sozialpsychologen haben sich auf die Kognitionspsychologie bezogen und die *soziale Kognition* als Unterdisziplin der Sozialpsychologie begründet. Deren Grundannahme besteht darin, dass nicht die Situation an sich das menschliche Verhalten steuert, sondern die Interpretation der Situation.

Kognition beinhaltet Wahrnehmung, Kategorisierung, Gedächtnis, Urteilen und Entscheiden im Allgemeinen. Die soziale Kognition untersucht dieselben kognitiven Prozesse wie die Kognitionspsychologie, zum Beispiel die Bildung eines ersten Eindrucks, der Wahrnehmung und Gedächtnis beinhaltet, nur eben in Bezug auf andere Personen, etwa auf Personengedächtnis und soziales Urteil.

Oft sind kognitive Prozesse, die auf andere Personen gerichtet sind, schnell und automatisch. Ein Beispiel ist die Bildung eines ersten Eindrucks. Treffen wir eine unbekannte Person, ist es wichtig, einen zutreffenden Eindruck dieser Person zu gewinnen, selbst dann, wenn wir nur wenig von ihr sehen. Tatsächlich genügt ein stummer Ein-Sekunden-Videoclip, in dem eine Person gezeigt wird, um überzufällig richtige Urteile über deren sexuelle Orientierung zu fällen (Ambady, Hallahan & Conner, 1999). Wenn Personen das Gesicht einer anderen Person sehen, beurteilen sie deren Beliebtheit oder Vertrauenswürdigkeit innerhalb von 100 Millisekunden. Und in der Tat weisen diese spontanen Urteile eine hohe Korrelation mit Urteilen auf, wenn das Gesicht ohne Zeitbegrenzung gezeigt wird (Willis & Todorov, 2006).

Ein anderes Beispiel für kognitive Prozesse im Umgang mit anderen Personen sind *Attributionen*. Zum Beispiel mag der junge Raucher an der U-Bahn-Station die Zurechtweisung als Aggression des Angestellten interpretiert haben; er hat dem Angestellten aggressive Absichten zugeschrieben oder attribuiert, wie man sagt. Hätte er stattdessen die Zurechtweisung der Tatsache zugeschrieben, dass es die Pflicht des Angestellten ist, Raucher in einer U-Bahn-Station auf ihre Unsitte aufmerksam zu machen, hätte er wohl mit kleinerer Wahrscheinlichkeit zugeschlagen. Wiederum zeigt sich im Sinne der kognitiven Psychologie, dass die Interpretation der Situation – nicht nur die Situation an sich – Handlungen bestimmt.

Wie Menschen Partner suchen

Aus dem bisher Dargestellten geht hervor, dass Psychologen das menschliche Verhalten aus unterschiedlichen Blickwinkeln erklären. Eine Perspektive, die in den letzten Jahrzehnten einen Aufschwung erlebte, ist die *Evolutionspsychologie*. Sie geht davon aus, dass Vererbung, wie in Kapitel 4 erklärt, eine wesentliche Rolle für das Verhalten spielt. Gewisse Verhaltensweisen sind besser an die Umwelt angepasst. Durch gute Anpassung steigt die Chance, zu überleben und einen Partner zu finden, mit dem ein Individuum Nachkommen zeugen kann, was die Wahrscheinlichkeit erhöht, Gene weiterzugeben, die dieses Verhalten auf die nächste Generation übertragen.

Wir werden im Folgenden die Frage behandeln, ob menschliche Partnerpräferenzen ein Produkt biologischer Evolution oder der Sozialisation sind. Ein gutes Argument für die Vererbung von Präferenzen ist Universalität. Wenn gezeigt werden könnte, dass Muster von Präferenzen und Partnerwahl auf der ganzen Welt die gleichen wären, würde dies einen genetischen Mechanismus und damit eine evolutionspsychologische Erklärung nahelegen.

In einer großangelegten internationalen Studie untersuchte

David Buss (1989) Partnerpräferenzen und Partnerwahl in 37 Kulturen. Dabei spielt die Asymmetrie zwischen den Geschlechtern eine Rolle, wenn es um Schwangerschaft und das Aufziehen von Kindern geht. Frauen werden schwanger und stillen Kleinkinder, während der Beitrag der Männer minimal sein kann – im Extremfall der Zeugungsakt. Dies bedeutet etwa, dass Frauen maximal ein Kind pro Jahr haben können, während Männer in diesem Zeitraum mehrere Kinder zeugen können. Allerdings wissen Frauen, dass es ihr Kind ist, während Männer ihrer Vaterschaft nicht sicher sein können, zumindest nicht vor den Zeiten von Gentests. Schließlich ist es für Frauen schwieriger, Kinder allein aufzuziehen als zusammen mit einem Lebenspartner, der hilft, die Familie zu ernähren und zu beschützen. Gemäß den Annahmen der Evolutionspsychologie führen diese Asymmetrien zu einer Asymmetrie der Interessen. Danach möchten Männer so viele Kinder wie möglich zeugen, während Frauen sich die Unterstützung der Männer zum Aufziehen der Kinder sichern möchten. Ausgehend von dieser Asymmetrie der Interessen lässt sich die Vorhersage ableiten, dass Frauen gute finanzielle Aussichten bei Männern mehr schätzen als Männer bei Frauen, weil in modernen Zeiten Wohlstand hilft, sich die nötigen Ressourcen zu sichern.

Da Männer sich mit zunehmendem Alter mehr Ressourcen verschaffen können und Frauen in jungem Alter fruchtbarer sind, bevorzugen Frauen ältere Männer mit besseren finanziellen Ressourcen und Männer jüngere Frauen, die gesund und fruchtbar sind. Dieser Wunsch nach jungen und gesunden Frauen führt dazu, dass Männer an anmutigem Aussehen interessiert sind, was ein Zeichen für gute Gesundheit und Fruchtbarkeit ist. Da Männer auch sicher sein wollen, dass der Nachwuchs ihr eigener ist, verlangen sie in höherem Maße Keuschheit als Frauen bei Männern.

Zusammengenommen folgerte David Buss aus den Annahmen universaler Geschlechtsunterschiede, dass in allen Kulturen Männer jüngere Frauen bevorzugen, die schön aussehen und keusch sind, Frauen hingegen ältere Männer mit guten finanziellen Aussichten. In der Tat fand Buss in der überwältigenden

Mehrheit der von ihm untersuchten Länder die vorhergesagten Geschlechtsunterschiede. Es gab auch keine signifikanten Unterschiede, die seinen Annahmen widersprachen; in keinem Land bevorzugten Männer ältere Frauen oder Frauen jüngere Männer. In allen Ländern, in denen das Alter von Ehepartnern bei der Heirat von der Statistik erfasst wurde, waren die Ehemänner älter als die Ehefrauen.

Evolutionspsychologen sehen diese Befunde als klare Bestätigung für die Universalität biologischer Geschlechtsunterschiede und deshalb für die Herausbildung geschlechtsspezifischer Präferenzen im Verlaufe der Evolution. Gibt es bei dieser erdrückenden Datenlage überhaupt eine andere Möglichkeit? In der Tat haben Anhänger der *Geschlechtsrollentheorie*, die davon ausgeht, dass Geschlechtsrollen kulturell vermittelt sind, das Augenmerk auf die Tatsache gelenkt, dass die Geschlechtsunterschiede in einigen Ländern größer sind als in anderen. Noch wichtiger aus ihrer Sicht ist der Umstand, dass in der Studie von Buss Kulturunterschiede beobachtet wurden, welche ausgeprägter waren als die Geschlechtsunterschiede. Ging es um Keuschheit, so war die mittlere Präferenz in Spanien für Männer 0,66 und für Frauen 0,36 auf einer Skala von 0 (unwichtig) bis 3 (wichtig). Im Vergleich dazu waren die gleichen Präferenzen im Iran 2,67 für Männer und 2,23 für Frauen. Obwohl es signifikante Geschlechtsunterschiede in beiden Ländern gab, waren die Kulturunterschiede zwischen Spanien und Iran viel markanter. In Spanien und anderen westlichen Ländern ist Keuschheit unerheblich für Männer und Frauen, während im Iran diese Eigenschaft für beide Geschlechter wichtig ist. Die Beobachtung, dass Kulturunterschiede manchmal größer sind als Geschlechtsunterschiede, spricht für die Geschlechtsrollentheorie.

Ein anderer Zweifel an der biologischen Grundlage von Geschlechtsunterschieden ergibt sich aus der Beobachtung, dass Geschlechtsunterschiede von kulturellen Faktoren abhängen. In ihrer Reanalyse der Daten von Buss (1989) konnten Alice Eagly und Wendy Wood (1999) zeigen, dass in Gesellschaften mit fortgeschrittener Gleichberechtigung der Geschlechter die Geschlechtsunterschiede hinsichtlich finanzieller Aussichten, gutem Aussehen und bevorzugtem Alter kleiner waren als in Gesellschaften, in denen eine klare Rollenteilung zwischen den Geschlechtern üblich ist.

Obwohl die Universalität der beobachteten Geschlechtsunterschiede unbestritten ist, gibt es unterschiedliche Auffassungen über die Ursachen dieser Unterschiede. Evolutionspsychologen vertreten einen biologischen Ansatz; sie sehen die genetische Übertragung von Präferenzen und die natürliche Selektion für spezifische genetische Muster, die den Anforderungen der Umwelt angepasst sind, als Grundlage für Geschlechtsunterschiede. Geschlecht wird hier als in der menschlichen Biologie verankert verstanden. Soziokulturelle Erklärungen gehen von der Annahme aus, dass Gesellschaften Rollenerwartungen an Männer und Frauen definieren, was zu den beobachteten Geschlechtsunterschieden im Verhalten führt; Geschlecht ist kulturell definiert und die Geschlechtsunterschiede sind deshalb sozialer Art.

Das Leben in Gruppen

Die bisherigen Theorien hatten eine Gemeinsamkeit: Sie betrachteten das Individuum, nicht aber soziale Beziehungen. Selbst Studien zur Macht der Situation, sozialen Kognition oder der menschlichen Anziehung erkundeten Prozesse des Geistes eines Individuums.

Statt Denkprozesse und Gefühle im Individuum zu studieren, können Forscher soziale Prozesse in Gruppen analysieren. Wir illustrieren diese Art der Forschung anhand der Rolle der Kooperation bei Konflikten zwischen Gruppen.

Der Nutzen von Zusammenarbeit für eine Gruppe ist allgemein bekannt. Zusammenarbeit hilft aber auch, Konflikte zwischen Gruppen zu lösen. Die sogenannte *Kontakthypothese* besagt, dass zwei Gruppen, die einander kennen, weniger Vorurteile entwickeln und Konflikte austragen als Gruppen, die einander nicht kennen. Diese Hypothese wurde in der sogenannten «Robbers Cave»-Studie zum ersten Mal getestet, in einem Ferienlager für Jungen im Robbers Cave State Park, einem abgelegenen Ort in Oklahoma (Sherif, Harvey, White, Hood &

Sherif, 1961). Zwei Gruppen von je zwölf Knaben wurden gebildet. Auf einer ersten Stufe des Experiments wurde der Teamgeist innerhalb der Gruppe kultiviert, indem Aufgaben gestellt wurden, die Zusammenarbeit erforderten. Nachdem so der Gruppenzusammenhang gefördert wurde, ließen die Versuchsleiter die Gruppen gegeneinander konkurrieren. Auf dieser zweiten Stufe nahmen die Knaben an Gruppenwettbewerben teil, die zu Konflikten zwischen den beiden Gruppen führten.

Auf der dritten Stufe änderten die Versuchsleiter die Anordnung, so dass die Jungen nicht mehr gegeneinander wetteiferten, sondern zusammenarbeiten mussten, um übergeordnete Ziele zu erreichen. Zum Beispiel unterbrachen die Versuchsleiter die Wasserversorgung des Lagers; die Knaben mussten ihre Kräfte bündeln, um diese wiederherzustellen. Das Ergebnis dieser Änderung von Wettbewerb zu Zusammenarbeit war deutlich: Die Konflikte hörten auf und die Beziehungen der Jungen untereinander verbesserten sich gruppenübergreifend. Um Konflikte zu beenden, genügte es nicht, einfach gemeinsame Vergnügungen zu organisieren, zum Beispiel Filme zu schauen; notwendige Bedingung, um Konflikte zu vermeiden, war Zusammenarbeit. Zusammen genommen zeigen diese und neuere Untersuchungen, dass Kontakt zwischen zwei Gruppen zu Konflikten führt, wenn sie gegeneinander im Wettbewerb stehen; wenn die Gruppen zusammenarbeiten, werden Konflikte vermindert.

Wenden wir den Hauptbefund auf den Schulkontext an. In einer Schulklasse herrscht viel Wettbewerb. Jeder Schüler schaut auf sich und seine eigenen Noten, vor allem dann, wenn die Durchschnittsnote der Klasse klarmacht, wo man selbst steht im Vergleich zu seinen Mitschülern. Wenn die Lehrerin eine Frage stellt, wetteifern sechs bis zehn aufgereckte Hände um ihre Aufmerksamkeit. Alle außer einem Schüler werden enttäuscht sein.

Soziale Vergleiche und Wettbewerb führen zu einer unfreundlichen Schulatmosphäre, der es an Mitgefühl und Teamgeist mangelt. Schlimm wurde die Situation in den USA in den 1970er Jahren, als man schwarze und mexikanisch-stämmige Schüler in Bussen zu Schulen der weißen Mittelklasse fuhr, um die sozialen Klassen und Rassen zu durchmischen. Da die Minderheitenkinder aus Unterschichtquartieren kamen, deren Schulen kein hohes Niveau aufwiesen, waren sie den weißen Mittelschichtkindern unterlegen. Wenn nun weiße Kinder die Schulleistungen der Minderheitenkinder übertrafen, kam es zu Faustkämpfen – die Stimmung war an einem Tiefpunkt angelangt. Es sah so aus, als ob die Minderheitenkinder die großen Verlierer der Zusammenführung der verschiedenen Schichten und Rassen wären.

Um dieser Situation abzuhelfen, entwickelten Elliot Aronson und Kollegen die sogenannte *Jigsaw-Methode*, deutsch auch *Gruppenpuzzle* genannt (siehe Aronson, 2002). Statt individuell zu lernen, arbeiten Schüler zusammen, um eine Aufgabe zu lösen, die später examensrelevant ist. Allerdings ist Gruppenarbeit nicht genug, da einige Gruppenmitglieder von der Gruppe profitieren möchten, ohne selbst etwas beizutragen, während die am meisten motivierten und begabten Kinder den Hauptteil der Arbeit leisten. Kein Wunder, dass die Vielarbeiter den Profiteuren grollen. Deshalb ist es wesentlich, dass die Aufgaben so angeordnet sind, dass jedes Gruppenmitglied etwas beitragen muss. Zudem muss jeder in der Gruppe den anderen zuhören, weil das Wissen eines jeden Gruppenmitglieds für die darauffolgende Prüfung wichtig ist. Hänseln die begabten Kinder einen weniger begabten Mitschüler, reicht oft eine Mahnung, dass der Lernstoff, den das weniger begabte Kind vermittelt, im Examen geprüft wird. Die Notwendigkeit, für das Erlernen des Prüfungsstoffes zusammenzuarbeiten, führt die Kinder dazu, Techniken des Fragestellens und der gegenseitigen Hilfe zu entwickeln. In einem Feldexperiment lernten Schüler acht Wochen lang mit der Jigsaw-Technik. Sie zeigten mehr Selbstvertrauen, mochten den Unterricht mehr, waren weniger abwesend und zeigten bessere Leistungen als Schüler einer Kontrollgruppe, die herkömmlichen Unterricht bekamen.

Die Studien im «Robbers Cave»-Ferienlager und zur Jigsaw-Technik zeigen das Potenzial auf, Konflikte zwischen Gruppen zu schlichten, wenn Personen mit unterschiedlichen persönlichen Hintergründen zusammenarbeiten.

8. Psychische Störungen und ihre Behandlung

Psychologische Forschung erkundet die Ursachen menschlichen Verhaltens. In unserem Beispiel des jungen Rauchers an der U-Bahn-Station haben wir verschiedene mögliche Erklärungen für seine Aggression gefunden. Wir betrachteten, unter anderem, Mangel an Bestrafung, Beobachtung aggressiver Modelle, Hirnschädigung, Unreife oder Mangel an Selbstkontrolle. Welches ist aber nun der wirkliche Grund, dass der junge Mann den U-Bahn-Angestellten angriff, der ihm sein Rauchen vorhielt? Klinische Psychologen befassen sich mit dem Handeln von Einzelpersonen. Zwei Fragen haben sie zu beantworten: Erstens, warum handelte diese bestimmte Person in der Weise, wie sie es tat? Und zweitens, wie kann abnormales Verhalten durch Therapie verändert werden? Dabei müssen Psychologen sowohl in der Forschung wie auch in der Praxis ethische Prinzipien einhalten. Es wäre zum Beispiel unethisch, einem Patienten eine Therapie aufzuzwingen, wenn er diese ablehnt.

Im ersten Abschnitt diskutieren wir, was *abnormal* bedeutet und welche Methoden klinische Psychologen benützen, um psychische Störungen zu diagnostizieren. Der nächste Abschnitt fasst die wichtigsten psychischen Störungen zusammen und diskutiert einige Probleme mit deren Klassifikation. Wir wenden uns dann der Psychotherapie zu und diskutieren zuerst allgemeine Prinzipien evidenzbasierter Interventionen und dann spezifische Ansätze zur Behandlung psychischer Störungen.

Was ist abnormal?

Neben der Aggression unseres jungen Rauchers gibt es andere Beispiele von Verhalten, das wir für abnormal halten. Eine junge Frau, Ariane, zieht sich immer mehr zurück, verlässt kaum je ihre Wohnung und kündigt ihre Stelle, obwohl sie das Geld für ihren Lebensunterhalt bräuchte. Sie meidet Orte, an denen sie andere Menschen treffen könnte, und erzählt einer Tante, dass sie den ganzen Tag Angst habe. Dann treffen wir William – einen erfolgreichen Schriftsteller – auf drei Empfängen und sehen, dass er zu viel trinkt. Wir fragen uns, ob er Alkoholiker sei. Bei allen drei Personen – dem Raucher, Ariane und William – denken wir, dass etwas abnormal sei. Was aber ist «abnormal»?

Kriterien für Abnormalität

Es gibt drei Hauptkriterien, um ein Verhalten als abnormal zu bezeichnen. Eine Person leidet unter ihrem Zustand (Leiden), sie schadet mit ihrem Verhalten sich oder anderen (Dysfunktion) oder ihr Verhalten stimmt nicht mit statistischen oder sozialen Normen überein (Abweichung).

Leiden ist ein offensichtliches Kriterium. Lang andauerndes Leiden ist ein Zeichen, dass etwas falsch ist, und kann ein Zeichen für Abnormalität sein. Die meisten Personen mit einer psychischen Störung leiden, zum Beispiel an Wahnvorstellungen, Angst, Panikattacken oder Traumen. Leiden ist ein nützliches Kriterium, deckt aber nicht alle Fälle des Abnormalen ab. Personen mit Pädophilie oder einer sogenannten antisozialen Persönlichkeitsstörung – in der Alltagssprache Psychopathen – leiden normalerweise nicht an ihrem Verhalten. Allerdings beurteilt die Gesellschaft diese Verhaltensweisen als abnormal, weil sie anderen Schaden zufügt – es ist dysfunktional.

Dysfunktion ist deshalb ein zweites Kriterium für Abnormalität und bedeutet, dass eine Person sich selbst oder andere schädigt. Dysfunktionales Verhalten beeinträchtigt Alltagsroutinen wie die Körperpflege, normalen Kontakt mit anderen oder die Fähigkeit zu arbeiten. Zum Beispiel ist Angst vor einem gefährlichen Hund eine gesunde Reaktion; nichts muss unternommen werden, diese zu ändern. Wenn aber eine Person Angst vor ungefährlichen Hunden hat und lange Umwege geht oder gar zu Hause bleibt, um nicht Hunden zu begegnen, kann dieses Ausweichen das Alltagsleben wesentlich beeinträchtigen. Im Extremfall kann Dysfunktion Gefahr für sich selbst oder andere Personen bedeuten. Nicht wenige Personen sterben an den Folgen von Anorexia, einer Essstörung, oder Suizid als Folge einer Depression. Entgegen gängigen Klischees sind aber Individuen mit psychischen Störungen, auch solchen, die Wahnvorstellungen beinhalten, selten eine unmittelbare Gefahr für die Patienten oder andere.

Abweichung – das dritte Kriterium für Abnormalität – bedeutet, dass das Verhalten einer Person nicht innerhalb der Grenzen liegt, die durch Normen vorgegeben werden. Es gibt zwei Arten von Normen, statistische und soziale. Eine statistische Norm ist gegeben, wenn ein Zustand für abnormal gehalten wird, weil er selten vorkommt, was am leichtesten anhand von Intelligenztests gezeigt werden kann. Da diese standardisiert sind, zeigt ein IQ unter 70 Intelligenzminderung an, während Personen mit einem IQ von mehr als 130 als besonders begabt angesehen werden (siehe Kaufman, 2009). Man erinnere sich, dass bei diesen Tests der Mittelwert für den IQ 100 ist und eine Standardabweichung 15 IQ-Punkte beträgt. Ein IQ von 70 liegt zwei Standardabweichungen unter dem Mittelwert; zwischen zwei und drei Prozent der Bevölkerung weisen eine solche Intelligenzminderung auf. Bei dieser statistischen Definition von Abweichung wird die Intelligenzminderung nie verschwinden, weil immer zwei bis drei Prozent der Bevölkerung am unteren Ende der Verteilung sein werden, auch wenn der durchschnittliche IQ sehr hoch liegen sollte. Nach dieser statistischen Norm ist auch ein IQ von mehr als 130 abnormal. Die Gesellschaft sieht die Abweichung nach unten als Problem, nicht aber die Abweichung nach oben. Intelligenzminderung wird laut der sozialen Norm als abnormal angesehen, weil sie zu Dysfunktion führen kann, zum Beispiel zu schlechten Schulleistungen und begrenzter Arbeitsbefähigung. Hochbegabung hingegen ist vorteilhaft für das Individuum und die Gesellschaft.

Die Abweichung von der statistischen Norm widerspricht also nicht immer der sozialen Norm; hohe Begabung ist weder dysfunktional noch wird sie von der Gesellschaft als Abweichung erachtet. Auf der anderen Seite ist abweichendes Verhalten entsprechend der sozialen Norm nicht immer statistisch gesehen selten. Bis zur Mitte des 20. Jahrhunderts wurde vorehelicher Geschlechtsverkehr in der US-amerikanischen Gesellschaft als Abweichung betrachtet – die soziale Norm war, es nicht zu tun. Dann veröffentlichte Alfred Kinsey Ergebnisse zu Umfragen über Sexualpraktiken in den USA, aus denen zur Überraschung vieler hervorging, dass vorehelicher Geschlechtsverkehr unter jungen Liebespaaren in Amerika ziemlich häufig vorkam. Kinsey konnte also zeigen, dass Abweichung im Sinne sozialer Normen nicht unbedingt eine Abweichung im statistischen Sinne sein muss. Darum müssen Kliniker Vorsicht dabei walten lassen, ein Verhalten bloß deshalb als Störung zu bezeichnen, weil es sozialen Normen widerspricht.

Im frühen 20. Jahrhundert begannen Kliniker wie der deutsche Psychiater Emil Kraepelin, abnormales Verhalten zu beschreiben und es als psychische Störung zu klassifizieren. Heute gibt es Klassifikationssysteme der psychischen Störungen durch die Weltgesundheitsorganisation (WHO) und die American Psychiatric Association (APA), die Gesellschaft der US-amerikanischen Psychiater. Diese Systeme wurden mit der Zeit geändert. Zum Beispiel verursacht Homosexualität an sich kein Leiden noch führt sie zu Dysfunktion im täglichen Leben. Trotzdem wurde Homosexualität von der APA bis in die 1970er Jahre als psychische Störung aufgeführt. Heutzutage wird Homosexualität nicht mehr länger als eine Abweichung von der sozialen Norm gesehen und deshalb nicht mehr als psychische Störung gelistet. Solche Änderungen zeigen, wie sehr Ausfassungen bezüglich Abweichung und damit die Klassifikation psychischer Störungen von kulturellen Werten abhängen.

Wie können wir den Begriff des Abnormalen an die Beispiele anknüpfen, die wir zu Beginn dieses Abschnitts beschrieben? Andere zusammenzuschlagen, weil man auf ein Rauchverbot aufmerksam gemacht wird, ist sicherlich dysfunktional; es schädigt andere und weicht zudem von sozialen Normen ab. Ariane *scheint* – wir müssen vorsichtig sein – zwei Kriterien für Abnormalität zu erfüllen, Leiden und Dysfunktion. Sie hat den ganzen Tag Angst, was Leiden verursacht. Außerdem gibt sie ihre Stelle auf und kann nicht mehr ihr eigenes Geld verdienen; deshalb ist ihre Zurückgezogenheit auch dysfunktional. Wenn wir an Williams Trinken denken, dann scheint es von sozialen Normen abzuweichen. Übermäßiges Trinken ist dysfunktional auf lange Sicht. Wir werden Williams Trinken später noch näher betrachten.

Die Diagnose psychischer Störungen

Wie können Psychiater oder Psychologen herausfinden, ob eine Person an einer psychischen Störung leidet? Die drei Hauptmethoden sind klinisches Interview, klinische Tests und klinische Beobachtung (für eine detailliertere Übersicht siehe Comer, 2013).

Typischerweise kommt eine Person, zum Beispiel ein ängstlicher junger Mann, zu einer Psychotherapeutin und erzählt ihr, warum er Behandlung braucht. Die Psychotherapeutin führt zuerst ein klinisches Interview durch, in dem sie persönliche Angaben des Klienten erfragt, Hintergrundinformationen wie Beruf, Zivilstand und Familie, Probleme, Stressfaktoren, Gedanken und Gefühle. Interviews geben der Therapeutin einen persönlichen Einblick, erfassen die Störung möglicherweise aber nicht zuverlässig. Klienten vermeiden oft peinliche Themen und liefern verzerrte Informationen.

Grob gesagt gibt es zwei Arten von Test: Selbstberichtskalen und projektive Tests. Selbstberichtsskalen messen Symptome und typische Gedanken, Gefühle und Verhaltensweisen des Klienten. Es gibt einerseits allgemeine Tests, wie den *Minnesota Multiphasic Personality Inventory (MMPI)*, der verschiedenartige klinisch relevante Dimensionen misst, und andererseits spezifische Skalen. Ein Beispiel für eine spezifische Skala ist das *Beck-Depressions-Inventar*. In diesem müssen Klienten aus verschiedenen Antwortalternativen die ihres Erachtens zutreffende wählen, zum Beispiel, ob sie sich vorstellen können, Suizid zu begehen, oder schon einmal an Suizid gedacht haben, es aber nicht tun würden, oder ob sie noch nie daran gedacht haben. Diese Tests unterliegen strengen Gütekriterien; sie messen deshalb Störungen zuverlässig und haben hohe *Validität*, das heißt, sie messen tatsächlich, was sie vorgeben zu messen.

Projektive Tests zielen auf eine Diagnose auf indirektem Weg. Ihre Bezeichnung verweist auf die Annahme der Kliniker, mit ihrer Hilfe die verborgenen Probleme der Klienten aufdecken zu können. Sie sollen etwa ein Bild interpretieren oder zeichnen, verbunden mit der Erwartung, dass sie ihre Probleme in die Interpretation oder Produktion des Materials projizieren.

Lassen Sie uns ein berühmtes Beispiel anschauen. Der Rorschach-Test – vom Schweizer Psychiater Hermann Rorschach entwickelt – besteht aus zehn symmetrischen Tintenklecksen. Der Testperson werden die Tintenkleckse einzeln präsentiert und zu jedem soll sie erzählen, was sie sieht. Psychologen interpretieren die Antworten aufgrund von mehr als hundert Charakteristiken, unter der Annahme, dass die Person ihre unbewussten Konflikte und Probleme in die Tintenkleckse projiziert. Obwohl immer noch in Gebrauch, haben der Rorschach-Test und andere projektive Verfahren das Problem, dass sie psychische Störungen nur ungenau diagnostizieren können. Vor allem aber führen sie zu keinen Erkenntnissen, die sich nicht auch mit Tests erfassen ließen, welche leichter durchzuführen und auszuwerten sind (siehe Lilienfeld, Wood & Garb, 2000).

Schließlich verwenden Psychologen die klinische Beobachtung, um zu einer Diagnose zu gelangen. Diese kann in der natürlichen Umgebung des Klienten stattfinden, also zu Hause, in der Schule oder bei der Arbeit, aber auch im Krankenhaus oder Gefängnis. Statt des Psychologen kann auch eine Schlüsselperson – zum Beispiel die Mutter – das Verhalten des Klienten beobachten. Oft beobachten die Klienten auch sich selbst. Zum Beispiel kann eine Person mit einem Alkoholproblem überwachen, wie oft sie trinkt, wie viel und bei welchen Gelegenheiten. Ein Verhaltenstherapeut, der dieses Verhalten mithilfe operanten Konditionierens (siehe Kapitel 1) zu ändern versucht, kann durch solche Selbstbeobachtung herausfinden, was das Trinkverhalten auslöst, und entsprechend therapeutische Interventionen planen.

Im ersten Teil dieses Unterkapitels haben wir die Kriterien für Abnormalität kennengelernt: Leiden, Dysfunktion und Abweichung. Im zweiten Teil haben wir kurz aufgezeigt, wie Kliniker versuchen, eine Diagnose einer Störung mittels klinischer Interviews, Tests und Beobachtung zu erstellen. Diesen Methoden mangelt es oft an Zuverlässigkeit und Genauigkeit. Warum ist es nicht möglich, psychische Störungen mit größerer Präzision zu diagnostizieren?

Psychische Störungen

Wenn ein Patient mit Brustschmerzen und Atemnot zu seiner Ärztin geht, kann die Ärztin ihn röntgen und einen Bluttest vornehmen, um herauszufinden, ob der Patient eine Lungenentzündung, Lungenkrebs oder ein anderes Leiden hat. Psychiater und Psychologen müssen hingegen zu einer Diagnose kommen, ohne auf biologische Daten zurückgreifen zu können, die ihnen die Ursache der Krankheit aufzeigen könnten (siehe McNally, 2011). Das Beste, was ihnen zur Verfügung steht, sind Selbstberichtskalen. Zudem haben wir in Kapitel 4 erwähnt, dass neurologische Krankheiten, nicht aber psychische Störungen aufgrund ihres Erbgutes unterschieden werden können (Anttila et al., 2018).

Die Behavioristen nehmen an, dass Konditionierung und damit Lernen psychischen Zuständen, zum Beispiel Angst, zugrunde liegt; kognitive Psychologen gehen davon aus, dass fehlerhafte Denkprozesse zu einer Störung führen; Neurowissenschaftler untersuchen als Ursachen Hirnprozesse und Verhaltensgenetiker genetische Übertragung. Allerdings bleiben dabei die Ursachen psychischer Störungen im Dunkeln, was deren Diagnose erschwert. Kliniker können psychische Leiden nur aufgrund der Symptome diagnostizieren.

Ein anderes Problem ist *Komorbidität* – die Beobachtung, dass eine Krankheit zusammen mit einer anderen Krankheit auftritt. Gewöhnlich ist die Komorbidität psychischer Störungen, zum Beispiel Depression *und* Angststörungen, hoch. In der Medizin sind Lungenentzündung und Lungenkrebs zwei unterschiedliche Krankheiten, selbst wenn sie zusammen auftreten sollten. Da es an Testverfahren fehlt, die eindeutig zwischen zwei unterschiedlichen psychischen Störungen unterscheiden können, ist es schwierig zu bestimmen, ob es sich bei einer mit einer Angststörung verbundenen Depression um eine oder zwei Störungen handelt.

Trotz dieser Probleme begannen Kliniker, psychische Störungen zu klassifizieren, wie im letzten Abschnitt erwähnt. Die gängigen Klassifikationssysteme ordnen psychische Störungen aufgrund von Symptomen, ohne auf Ursachenerklärungen zurückzugreifen.

Es folgt ein Überblick der bekanntesten psychischen Störungen (einen detaillierteren Überblick gibt zum Beispiel Comer, 2013): Autismus, Schizophrenie, Depression, Angststörungen und Abhängigkeit von Drogen.

Autismus-Spektrum-Störungen – besser bekannt unter *Autismus* – machen sich früh im Leben bemerkbar, oft in den ersten drei Lebensjahren. Die meisten Betroffenen – 80 Prozent sind Knaben – leiden als Erwachsene an ernsthaften Behinderungen und haben enorme Schwierigkeiten, unabhängig zu arbeiten und zu leben. Autistische Kinder zeigen markante Beeinträchtigungen der sozialen Interaktion; sie sind kaum ansprechbar und kommunizieren nicht. Einige Befunde weisen auf einen Mangel an Perspektivenübernahme und Empathie hin. Zudem führen autistische Kinder starre, sich wiederholende Handlungen oder Rituale aus, die von außen sinnlos erscheinen.

Die Geschichte des Autismus illustriert den Schaden, den unbegründete Spekulationen über die Ursachen geistiger Störungen anrichten können. Der Psychiater Leo Kanner (1943), der als Erster Autismus näher beschrieb, lieferte eine psychoanalytische Erklärung. Autismus werde durch menschlich kalte Eltern, vor allem kalte Mütter, verursacht; diese Theorie führte auch zum Ausdruck «Kühlschrank-Mütter». Man kann sich vorstellen, welch starke Schuldgefühle eine solche Annahme bei Müttern autistischer Kinder auslöste. Empirische Forschung hat diese Annahme nie bestätigen können, sondern fand biologische Faktoren bei autistischen Patienten, zum Beispiel eine Verminderung der Aktivität von sogenannten Spiegelneuronen im Gehirn, die zu Perspektivenübernahme und Empathie in Beziehung stehen (Oberman et al., 2005). Da es sich um eine breitgefächerte Störung handelt (deshalb die Bezeichnung «Spektrum»), sind die Spiegelneuronen sicher nicht die einzige Ursache für Autismus-Spektrum-Störungen. Die Erforschung weiterer Faktoren steht erst am Anfang.

Autismus führt nicht unbedingt zu Dysfunktion. Einige Kinder leiden an einer Form von Autismus, das sogenannte *Asperger-Syndrom*, bei der einige der für Autismus typischen sozialen Defizite mit normalen oder annähernd normalen geistigen Fähigkeiten einhergehen. Autistische Erwachsene können beruflichen Erfolg haben, wenn ihre Tätigkeiten Aufmerksamkeit auf Details verlangen und begrenzte soziale Kontakte beinhalten.

Schizophrenie ist eine Störung, die durch kognitive und emotionale Defizite und Wahnvorstellungen gekennzeichnet ist. Patienten mit Schizophrenie berichten oft, dass sie visuelle oder auditive *Halluzinationen* haben, das heißt, sie sehen Bilder und hören Stimmen, die die anderen nicht wahrnehmen. Die Halluzinationen können unterschiedliche Inhalte haben. Am häufigsten haben sie damit zu tun, dass der Betreffende verfolgt wird oder andere sich gegen ihn verschwören. Aber auch Größenwahn, zum Beispiel die Vorstellung, Jesus zu sein, oder der Glaube, dass die eigenen Gedanken, Gefühle und Handlungen von anderen kontrolliert werden, kommen vor. Es ist wenig zu den Ursachen der Schizophrenie bekannt; genetische und neurobiologische Studien deuten auf einen starken Einfluss biologischer Komponenten hin.

Obwohl Schizophrenie die Betroffenen schwer belastet, können sie hochintelligent sein, wie das Beispiel des Mathematikers John Nash zeigt. Nach einer kurzen Karriere in jungen Jahren wurde er krank, nahm aber seine Arbeit nach mehreren Jahren des Aufenthalts in psychiatrischen Kliniken wieder auf. Er erhielt einen Nobelpreis für Ökonomie und wurde im Buch und Film *A Beautiful Mind* verewigt.

Die meisten Personen, die an einer *Depression* leiden, fühlen sich traurig, niedergeschlagen und leer. Einige dieser Patienten leiden an *Anhedonie*, der Unfähigkeit, Freude zu empfinden. Es mangelt ihnen an Triebkraft und Initiative, sie sind meist weniger aktiv, verbringen viel Zeit alleine, betrachten sich als ungenügend und minderwertig und machen sich Selbstvorwürfe für Missgeschicke, selbst wenn sie keine Verantwortung dafür haben. Es gibt mehrere Hypothesen zu den Ursachen der Depression, unter ihnen genetische Veranlagung und gelernte Hilflosigkeit. Depression ist nicht selten. Eine US-amerikanische Studie fand, dass 17 Prozent der Amerikaner mindestens einmal in ihrem Leben an einer Depression erkrankt sind. Depression kann auch eine tödliche Störung sein, weil sie eine der wichtigsten Ursachen für Suizid ist.

Es gibt ein breites Spektrum von *Angststörungen.* Einige Personen sind oft und in den meisten Situationen ängstlich; sie leiden an einer generalisierten Angststörung. Andere Personen fürchten ein spezifisches Objekt und leiden deshalb an einer *spezifischen Phobie.* Es gibt Dutzende solcher Phobien, zum Beispiel die Furcht vor engen Räumen, großen Höhen, Spinnen oder Hunden. Personen, die an einer *sozialen Phobie* leiden, haben starke und anhaltende Ängste vor sozialen Situationen, die zu Peinlichkeiten führen könnten, wie zum Beispiel, vor anderen zu sprechen. Personen mit Angststörungen wissen normalerweise, dass ihre Befürchtungen übertrieben und unbegründet sind. Angststörungen sind häufig: Untersuchungen aus den USA haben gezeigt, dass über 20 Prozent der Menschen im Verlauf ihres Lebens mindestens einmal an einer Angststörung leiden.

Abhängigkeit – im Volksmund «Sucht» – betrifft den Gebrauch von illegalen und legalen Drogen; zu Letzteren gehört Alkohol. Symptome von Abhängigkeit sind eine zunehmende Toleranz für die Droge, was bedeutet, dass Drogenkonsumenten eine höhere Dosis brauchen, um denselben Effekt zu erzielen. Sie nehmen die Droge selbst dann, wenn dies zu einer schweren Beeinträchtigung des täglichen Lebens führt; zum Beispiel trinken sie weiterhin Alkohol, auch wenn dadurch die Qualität des Familienlebens oder die Arbeitsleistung vermindert wird; sie verspüren ein starkes Verlangen nach der Droge und zeigen Rückzugssymptome, wenn sie mit deren Einnahme aufhören.

Dies sind nur einige der wichtigsten Störungen. Andere Beispiele sind Zwangsstörungen, Essstörungen, bipolare Störungen, posttraumatische Belastungsstörungen, Aufmerksamkeitsdefizit-Hyperaktivitätsstörungen (ADHS oder englisch ADHD) und Stressstörungen.

Kommen wir auf die Beispiele zu Beginn des letzten Kapitels zurück. Können wir jedem von ihnen – dem jungen Raucher, Ariane und William – eine Diagnose zuordnen? Dies ist problematisch, aus verschiedenen Gründen. Welche Störung hat der junge Raucher? Wir wissen es nicht. Aggression deutet nicht auf eine spezifische Störung hin; manche Personen, die hin und wieder aggressiv werden, haben nach den gängigen Diagnosekriterien gar keine Störung. Das heißt nicht, dass es kein Problem gibt; aber nicht jedes Problem bedeutet eine psychische Störung. Und die zurückgezogene Ariane? Leidet sie an sozialer Phobie? Oder Depression? Aus der gegebenen Beschreibung können wir es nicht wissen, weil identische Symptome zu unterschiedlichen Störungen passen. Obwohl wir einige Hinweise besitzen, dass Ariane leidet und ihr Zustand ihr tägliches Leben behindert, müssen wir auch prüfen, ob ihre Symptome genug ausgeprägt sind, um überhaupt eine Störung darzustellen. William hingegen scheint ein klarer Fall von Alkoholabhängigkeit zu sein. Seien Sie aber vorsichtig! Erstens haben Sie nur einige Male beobachtet, wie er bei einem Empfang zu viel getrunken hat, einem Anlass also, an dem auch andere über den Durst trinken. Starke Anzeichen für Alkoholabhängigkeit sind regelmäßiges Trinken bei der Arbeit oder morgens nach dem Aufstehen. Ein zweiter Grund zur Vorsicht ist Komorbidität. Zum Beispiel mag Alkoholmissbrauch durch eine darunterliegende Depression ausgelöst sein. Ein Therapeut muss dann primär die Depression behandeln, nicht die Alkoholabhängigkeit. Das Beispiel von William basiert auf einer wirklichen Person – William Styron, dem preisgekrönten Autor von *Sophies Entscheidung*. Er ist auch der Autor von *Sturz in die Nacht. Geschichte einer Depression*, einem Buch, das viele zusammen mit Sylvia Plaths *Die Glasglocke* für den besten literarischen Bericht über Depression ansehen.

Generelle Prinzipien der Psychotherapie

Wenn Personen an einer psychischen Störung leiden oder sie von seelischen Problemen geplagt werden, dann wenden sie sich an einen Psychotherapeuten. In der Regel treffen sie auf einen ausgebildeten Therapeuten, der in den psychologischen Verfahren geschult ist, mit deren Hilfe ihre spezifische Störung behandelt werden kann (siehe Wampold & Imel, 2015). Von Psychologen angebotene Psychotherapie unterscheidet sich von anderen Arten von Behandlungen; auf der einen Seite von allgemeinen Angeboten wie zum Beispiel Meditation oder Entspannung, die nicht auf ein spezifisches Leiden zielen, sondern auf die Verbesserung des allgemeinen Wohlbefindens; auf der anderen Seite von medizinischen Verfahren, die von medizinisch ausgebildeten Psychiatern angeboten werden.

Aus medizinischer Perspektive haben psychische Störungen biologische Ursachen. Psychiater verschreiben deshalb Medikamente, um das Leiden zu lindern. In den 1950er Jahren haben Medikamente die Psychiatrie revolutioniert; sie konnten die Schizophrenie oder schwere Depressionen zwar nicht heilen, die Symptome aber so weit lindern, dass es möglich wurde, die Patienten aus der psychiatrischen Klinik nach Hause zu entlassen. Nur bei einem akuten Schub mussten sie zurückkehren. Oft erhalten Patienten eine Kombination von Medikamenten und Psychotherapie; beide haben sich als wirksam erwiesen. Im Gegensatz zu medizinischen Behandlungen stützt sich Psychotherapie ausschließlich auf psychologische Mechanismen.

Es gibt ausreichende Evidenz aus der Therapieforschung, dass Psychotherapie wirkt. Wenn aber, wie wir gesehen haben, ein medizinischer Ansatz zur Diagnose psychischer Störungen scheitern muss, weil es keine klar abgrenzbaren Ursachen gibt, um zwei Arten von Störungen unterscheiden zu können – warum wirkt dann Psychotherapie?

Um diese Frage zu beantworten, hat man zwischen allgemeinen und spezifischen Wirkfaktoren unterschieden. *Allgemeine Wirkfaktoren* sind Komponenten, die in jeder Art von Psychotherapie wirken, unabhängig von den spezifischen Annahmen und Methoden. Als wichtiger allgemeiner Wirkfaktor erwies sich die *Allianz*, die therapeutische Beziehung zwischen dem Klienten und dem Therapeuten. Allianz beinhaltet gegenseitiges Vertrauen und Übereinstimmung bezüglich der Ziele und Aufgaben innerhalb der Therapie. Ein zweiter allgemeiner Wirkfaktor ist die *Erwartung des Klienten*, dass die Therapie wirken wird. Viele Therapeuten erklären ihren Klienten, was sie tun und dass die Behandlung helfen wird, die negativen Symptome zu lindern. Ein Teil des Erwartungseffekts lässt sich durch *Remoralisierung* erklären. Damit wird die Beobachtung bezeichnet, dass sich der Zustand der Klienten bereits verbessert, sobald sie mit dem Psychotherapeuten einen ersten Termin vereinbart haben, also noch bevor die Therapie beginnt. Allgemeine Wirkfaktoren erinnern uns an den Placebo-Effekt, den wir in Kapitel 4 kennengelernt haben. Diese sind unspezifisch und können dadurch erklärt werden, dass Patienten eine positive Wirkung der Behandlung erwarten.

Spezifische Wirkfaktoren beinhalten jene Elemente innerhalb einer Therapie, die auf die spezifischen Symptome oder die darunterliegenden Mechanismen einer Störung abzielen, zum Beispiel einer Depression oder einer Angststörung. Wir haben gesehen, dass wir wenig wissen über die einer spezifischen psychischen Störung zugrunde liegenden Mechanismen; zudem ist die Komorbidität hoch. Im Gegensatz zu den allgemeinen Wirkfaktoren ist es schwierig, spezifische Wirkfaktoren zu finden, die den Erfolg einer Psychotherapie erhöhen.

In medizinischen Behandlungen erwartet man, dass eine spezifische Behandlung zur Heilung führt, während es kaum einen Unterschied macht, welcher Arzt die Behandlung durchführt. In der Psychotherapie, so hat man herausgefunden, ist die Wirkung des einzelnen Therapeuten viel größer als die Wirkung der spezifischen Behandlung. Allgemeine Wirkfaktoren sind also viel wichtiger für den Erfolg einer Psychotherapie als spezifische. Dies bedeutet auch, dass alle gängigen Psychotherapien etwa gleich wirksam sind, wie verschiedene Therapiestudien gezeigt haben.

Wir können also den Schluss ziehen, dass Psychotherapie besser ist als keine Therapie. Alle Therapien aber haben vergleichbare Wirkungen, was heißt, dass keine der gängigen Therapieformen einer anderen überlegen ist. Untersuchungen zeigen, dass der Therapeut mehr zur Wirkung der Psychotherapie beiträgt als die Therapiemethode.

Ansätze der Psychotherapie

Die verschiedenen Ansätze der Psychologie haben auch unterschiedliche Formen der Psychotherapie hervorgebracht, die die Praxis bis heute beeinflussen. Diese Ansätze unterscheiden sich darin, was sie als Problem, als Besserung und als die am besten geeignete Methode betrachten, um diese Besserung herbeizuführen. Wir beschränken uns hier auf die vier Hauptformen der Psychotherapie: Verhaltenstherapie, kognitive Therapie, Psychoanalyse und humanistische Ansätze.

Verhaltenstherapie

Die Verhaltenstherapie wurde aus dem Behaviorismus entwickelt und folgt den in Kapitel 1 betrachteten Lernprinzipien. Diese sehen dysfunktionales Verhalten als Problem und betrachten es als Besserung, wenn solches Verhalten verschwindet. Zum Beispiel ist Lisas übertriebene Angst vor Hunden dysfunktional und deshalb problematisch. Die Besserung besteht in der Beseitigung des ängstlichen Verhaltens.

Verhaltenstherapeuten haben mehrere Methoden entwickelt, um unangepasstes Verhalten zu beseitigen (oder zu «löschen», wie Verhaltenstherapeuten sagen würden). Zwei bekannte Techniken, um Angst zu behandeln, sind systematische Desensibilisierung und die Konfrontationstherapie (auch Expositionstherapie genannt).

Systematische Desensibilisierung geht von der Annahme aus, dass die bildliche Vorstellung eines angstauslösenden Stimulus zu Angst – einem negativen Zustand – führt. Demgegenüber ist Entspannung ein positiver Zustand und damit unvereinbar mit Angst. Wenn sich eine Person einen angstauslösenden Stimulus in einem entspannten Zustand vorstellt, sollte dies zu einer positiveren Reaktion führen. Im Falle Lisas würde sie zuerst eine Entspannungstechnik lernen. Dann lässt der Therapeut Lisa eine Liste ihrer Ängste und deren Stärkegrad erstellen. Die Therapie beginnt mit der schwächsten Angst. Lisa entspannt sich und hat sich das angstauslösende Objekt vorzustellen. Wenn Lisa die Furcht vor dem am schwächsten angsteinflößenden Objekt verliert, geht sie zum nächsten Objekt über, und so fort, bis die Angst vor dem stärksten Stimulus – in ihrem Falle Hunde – beseitigt oder zumindest abgeschwächt worden ist. Man könnte dem Vorgehen entgegenhalten, dass regelmäßige Entspannungsübungen zu weniger Angst führten, und nicht die Verknüpfungen der Entspannung mit dem angstauslösenden Stimulus. Dies ist aber nicht der Fall. Die Entspannung muss mit dem angstauslösenden Stimulus verknüpft werden, um eine negative Reaktion durch eine positive zu ersetzen.

Eine zweite Methode ist die *Konfrontationstherapie*. Das Grundprinzip ist einfach: Wenn Lisa aus Angst, gebissen zu werden, den Kontakt mit Hunden meidet, dann hat sie gar keine Chance, ihre Furchtreaktion durch die Begegnung mit netten Hunden zu löschen. Hier setzt die Konfrontationstherapie an. Speziell beliebt unter Therapeuten ist *Flooding*, wörtlich übersetzt «Überflutung». In dieser spezifischen Art der Konfrontationstherapie werden Klienten über längere Zeit mit dem gefürchteten Gegenstand konfrontiert. Lisa wäre also tagelang mit Hunden zusammen; ein Mann mit sozialer Phobie ginge mit der Therapeutin über mehrere Tage zu allerlei belebten Orten, also Restaurants, Konzerten und Partys. Flooding ist eine wirksame Methode, um Angst zu entfernen.

Kognitive Therapie

Menschen handeln nicht nur, sie denken auch. Mit dem Einsetzen der kognitiven Revolution (siehe Kapitel 2) begannen Kliniker wie Aaron Beck und Albert Ellis zu erforschen, inwiefern Patienten mit psychologischen Störungen dysfunktional denken, und entwickelten die kognitive Therapie. Kognitive Therapeuten gehen von der Annahme aus, dass eine Situation Gedanken auslöst, die das Verhalten beeinflussen. Darüber hinaus beeinflussen unsere Gedanken in Form von Bewertungen der Situation auch unsere Emotionen und diese wiederum unser Verhalten (siehe auch Kapitel 3). Darum kann irrationales Denken zu übertriebenen Emotionen führen und diese wiederum zu dysfunktionalem Verhalten. So ist Lisas übertriebene Angst vor Hunden irrational, weil sie die Gefahr, die von Hunden ausgeht, überschätzt. Deshalb ist irrationales Denken das Problem und das Ziel des Therapeuten muss es sein, dieses dysfunktionale Denken zu korrigieren, was zu angstfreiem Verhalten führen sollte.

Ein kognitiver Therapeut muss erst die kognitiven Verzerrungen eines Patienten herausfinden. Beck (1963) befragte depressive Klienten und verglich deren Gedanken mit den Gedanken nichtdepressiver Individuen. Er fand nicht nur Unterschiede im Inhalt des Denkens, wie zum Beispiel niedriges Selbstvertrauen, Selbstvorwürfe und Suizidgedanken, sondern auch systematische Denkverzerrungen. Beispiele dafür sind *Übergeneralisierung*: Ein Mann denkt, dass kleine Missgeschicke bei der Arbeit seine Unfähigkeit für die Arbeit beweisen. Oder auch *Minimierung* und *Maximierung:* Eine Schülerin nimmt an, dass die vielen Lehrer, die freundlich zu ihr sind, unaufrichtig seien, die wenigen unfreundlichen Lehrer hingegen aufrichtig. Die Bedeutung freundlichen Verhaltens wird minimiert und die Bedeutung unfreundlichen Verhaltens maximiert.

Sind die Denkfehler eines Klienten bekannt, versucht der Therapeut, diese zu korrigieren. Neben dem Aufbau einer therapeutischen Beziehung geht der Therapeut die kognitiven Verzerrungen an und zeigt dem Klienten, dass die wahrgenommene Wirklichkeit nicht notwendigerweise die Wirklichkeit selbst ist; die Interpretation der Wirklichkeit kann fehlerhaft sein. Klienten lernen auch, wie ihre eigenen Gedanken ihnen schaden können. Deshalb versuchen Therapeuten, diese fehlerhaften Gedankengänge zu ändern, damit die Klienten Situationen anders interpretieren, was auch zu Änderungen in ihren Emotionen führt.

Heutzutage verwenden viele Therapeuten eine kognitive Verhaltenstherapie, eine Kombination der kognitiven und der

Verhaltenstherapie. Zum Beispiel kann Lisas Therapeut eine Konfrontationstherapie verbinden mit einer Änderung der fehlerhaften Gedanken, die sie sich über Hunde macht. Eine solche Kombination scheint natürlich, weil die beiden Therapieformen einander ergänzen: Die Verhaltenstherapie zielt darauf ab, Verhalten zu ändern, während die kognitive Therapie eine Änderung der Gedanken anstrebt.

Psychodynamische Therapie

Die *psychodynamische Therapie* (oft gleichbedeutend mit Psychoanalyse) begann mit dem Werk von Sigmund Freud und ist der historisch älteste Psychotherapieansatz. Therapeuten in dieser Tradition betrachten die Probleme ihrer Patienten als Ergebnisse unbewusster Wünsche und Ängste, die in der Kindheit als Phantasien ausgedrückt werden und zu unbewussten Konflikten im Erwachsenenleben führen. Diese Wünsche und Ängste bleiben unbewusst, weil sie oft verbotene Themen betreffen, zum Beispiel sexuelle Wünsche. Deshalb versuchen wir, solche Wünsche aus dem Bewusstsein auszuschließen, was die Psychoanalytiker *Verdrängung* nennen. Da der Patient keinen Zugang zu seinen unbewussten Konflikten hat, zielt die psychodynamische Therapie auf die Aufdeckung und das Verstehen verdrängter Gedanken. Einsicht in die zuvor verborgenen Konflikte wird als eine Voraussetzung dafür angesehen, dass sich die Probleme des Patienten bessern.

Um unbewusste Konflikte aufzudecken, verwenden Analytiker zwei Hauptmethoden: erstens die *freie Assoziation* – der Patient versucht, seine Gedanken unzensiert zu berichten – und zweitens die *Traumdeutung*. Psychoanalytiker nehmen an, dass die unbewussten Konflikte im Wachzustand verborgen bleiben, aber in Trauminhalten ausgedrückt werden. Allerdings weigern die Patienten sich oft, die Wünsche, die während der Analyse an die Oberfläche kommen, sich einzugestehen – ein Prozess, der *Verneinung* genannt wird. Überdies richten sie unbewusste Konflikte aus der Kindheit auf den Therapeuten – ein Prozess, der *Übertragung* genannt wird. Eine Frau beispielsweise, die als Kind sexuell missbraucht worden ist und als Konsequenz die psychische Nähe anderer Personen meidet, fürchtet, dass der Therapeut das in ihn gesetzte Vertrauen missbraucht. Patienten müssen sowohl die Verneinung als auch die Übertragung überwinden, um zu einem vollen Verständnis der darunterliegenden Konflikte zu kommen. Dieses Verstehen, so die Annahme, reduziert problematische Denk- und Verhaltensmuster.

Die Psychoanalyse wurde kritisiert, weil viele ihrer in die Populärwissenschaft eingegangenen Begriffe wie Verdrängung, Ödipuskomplex, Kastrationsangst und Penisneid empirisch nicht untermauert sind. Trotz dieses Mangels ist die Psychoanalyse nicht weniger wirksam hinsichtlich der Verbesserung dysfunktionaler Gedanken und Verhaltensweisen als andere Therapieformen. Offensichtlich tragen in erster Linie nicht jene für die Psychoanalyse spezifischen Zutaten zum Therapieergebnis bei, sondern der Umstand, dass Psychoanalytiker gleich gut eine vertrauensvolle therapeutische Beziehung aufbauen können wie die Therapeuten anderer Therapiezweige.

Humanistische Therapieansätze

Verhaltenstherapeutische, kognitive und psychodynamische Ansätze gehen von der Annahme aus, dass die Psychotherapie auf eine Störung zielt, die geheilt werden muss. Diese Idee geht auf das medizinische Vorbild zurück. Im Gegensatz dazu betrachten humanistische Ansätze die Psychotherapie nicht als Reparatur eines defekten Mechanismus, sondern als eine Hilfe zu dem Zweck, dass Klienten ihr Potenzial ausschöpfen können. Eine humanistisch orientierte Therapeutin erstellt keine Diagnose; hier ist es der Klient selbst, der die Mittel finden muss, um persönliches Wachstum zu fördern und eine Krise zu beenden. Erinnern wir uns an Maslows Stufe der Selbstverwirklichung. Eine Person schätzt neue Erfahrungen, kultiviert ihre Kreativität und hält sich an hohe moralische Maßstäbe. Eine solche Person ist autonom, denkt unabhängig und strebt nach persönlichem Wachstum und Sinn. Therapeuten in der humanistischen Tradition sind überzeugt, dass ihre Klienten Selbstverwirklichung suchen und selbst alle Mittel besitzen, um ihre Ziele zu erlangen.

Um dem Klienten zu ermöglichen, diese Mittel auch zu finden, hört die Therapeutin zu. Carl Rogers (1951) entwickelte die *klientenzentrierte Therapie*, der drei Kernannahmen zugrunde liegen. Erstens muss die Therapeutin *echt* sein und sich nicht hinter einer berufsmäßigen Fassade verstecken. Sie muss daran interessiert sein, den Klienten wirklich zu verstehen. Zweitens muss die Therapeutin *unbedingte Achtung* vor dem Klienten haben. Sie akzeptiert den Klienten, wie er ist, und nimmt keine Bewertung seiner Gedanken und Gefühle vor. Die dritte Kernannahme ist mitfühlendes Verstehen der Anliegen des Klienten. Die Therapeutin versucht, den Klienten von seinem eigenen Standpunkt aus zu verstehen, und spürt einen Sinn, dessen sich der Klient selbst kaum bewusst ist.

Eine wichtige Konsequenz der drei Kernannahmen ist der *nichtdirektive* Charakter des Dialogs zwischen Therapeutin und Klient. Während Verhaltens- und kognitive Therapeuten direkte Anweisungen geben und Psychoanalytiker das interpretieren, was ihnen der Klient erzählt, hören klientenzentrierte Therapeuten einfach zu und lenken den Klienten auch nicht in eine andere Richtung oder verweisen auf ein anderes Thema.

Die Therapeutin stellt hier nur Fragen, um sicherzustellen, dass sie den Klienten richtig verstanden hat. Therapeuten in der humanistischen Tradition vertrauen darauf, dass ihr nichtdirektiver Ansatz, unterstützt durch Echtheit, unbedingte Achtung und mitfühlendes Verstehen, den Klienten befähigt, eigene Mittel zu finden, um nach persönlichem Wachstum und Sinn zu streben.

Integration von Therapierichtungen

Wir haben gesehen, dass bei einer Psychotherapie allgemeine Wirkfaktoren wie Allianz, Erwartungen und Remoralisierung in viel größerem Ausmaß zum Erfolg beitragen als spezifische Wirkfaktoren, also die jeweilige Methode. Das legt die Frage nahe, ob man überhaupt unterschiedliche Psychotherapierichtungen benötigt, wenn doch die Therapeutin mehr zum Gelingen der Therapie beiträgt als die Therapiemethode? Allerdings wurden die Hauptrichtungen der Psychotherapie vor den Anfängen der Psychotherapieforschung entwickelt. Heutzutage haben manche Psychotherapeuten begonnen, integrative Ansätze zu verwenden, das heißt, sie kombinieren die wirksamen Elemente der verschiedenen Schulen, um den Therapieerfolg zu optimieren (siehe Castonguay, Eubanks, Goldfried, Muran & Lutz, 2015). Deshalb gilt das Hauptaugenmerk der Psychotherapieforschung nicht mehr der Frage, welche Therapierichtung die wirksamste ist, sondern welche Methoden die wirksamsten sind, um die Ziele der Klienten zu erreichen – entweder die Reduktion des Leidens an dysfunktionalen Gedanken und Verhaltensweisen oder die Förderung von persönlichem Sinn und innerem Wachstum.

Epilog: Warum wir tun, was wir tun

Psychologen kombinieren mittlerweile Elemente der verschiedenen im Buch erläuterten Ansätze, um Verhalten zu erklären. Die Erörterung der Person-Situations-Kontroverse hat uns etwa gezeigt, dass sowohl die Persönlichkeit wie auch Faktoren der Situation Verhalten bestimmen. Die Frage lautet dann nicht: «Wer hat recht?», sondern: «Wie viel trägt jede einzelne Komponente zum Verhalten und dessen Erklärung bei, und wie sind diese Komponenten miteinander verknüpft?»

Ein integratives Konzept dieser Art verbirgt sich hinter dem Begriff *Einstellung*, definiert als mentale Repräsentation der Bewertung eines Objektes, die stabil über die Zeit ist und kognitive, affektive und Verhaltenskomponenten beinhaltet. Wir können stabile Einstellungen über so unterschiedliche Objekte wie Amazon, Rechtsextreme, Fleischverzehr oder Gaming haben.

Nach der *Theorie des geplanten Verhaltens* (Ajzen, 1991; siehe Abbildung 4) ist «Einstellung» einer von drei Faktoren, die unser Verhalten beeinflussen. Die beiden anderen sind Normen und die wahrgenommene Kontrolle, das gewünschte Verhalten tatsächlich ausführen zu können.

Das Modell ist etwa nützlich, wenn es um die Vorhersage von Gesundheits- oder Umweltverhalten geht. Obwohl Paul seine Nikotinabhängigkeit stoppen will, macht ihm das Rauchen weiterhin Spaß, spürt dabei aber sozialen Druck von anderen, unter anderem seiner Freundin. Leider kann er aber das Verlangen nach einer Zigarette nicht kontrollieren. Dieser Mangel an Kontrolle verhindert die ersehnte Änderung, obwohl sie seinen eigenen und den Wünschen anderer entspricht. Ein anderes Beispiel ist Sarah. Für sie ist es ein Vergnügen, zu weit entfernten Ferienzielen zu fliegen, und sie verspürt keinen sozialen Druck, weil ihre Nachbarn dasselbe tun. Deshalb schränkt sie das Flie-

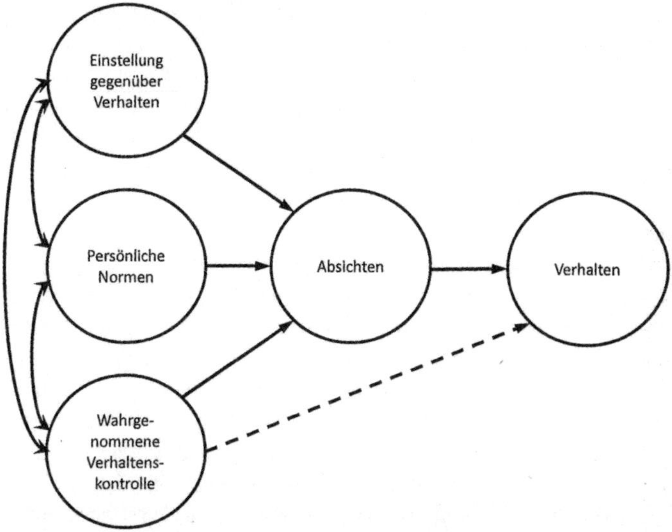

Abbildung 4: Die Theorie des geplanten Verhaltens. Nach Ajzen (1991)

gen nicht ein, obwohl sie imstande wäre, dies zu tun. In diesem Falle verhindern persönliche Einstellungen und Normen ein umweltfreundliches Verhalten. Obwohl es viele Daten zum Einfluss einzelner Variablen auf das Denken und Verhalten gibt, wird es wichtig sein, umfassendere Modelle zu entwickeln, um die Komplexität unseres Denkens und Verhaltens besser abbilden zu können. Dank der massiven Steigerung der Rechenleistung in der Datenverarbeitung, wie wir sie in den letzten Jahrzehnten erlebt haben, werden umfangreiche Analysen möglich, um diese umfassenden Modelle testen zu können.

Trotz dieses Trends zu mehr Komplexität gibt es Kritik an der Psychologie als Wissenschaft, sowohl von innerhalb als auch von außerhalb.

Kritik von innerhalb kam etwa von Paul Rozin (2006). Er bemerkte, dass die Psychologie in ihrer Forschung vor allem Prozesse untersucht, zum Beispiel Wahrnehmung, Gedächtnis, Denken und Gefühle. Dieser Fokus auf geistige Prozesse führt zu einer Vernachlässigung jener Dinge, die wirklich interessant im Leben sind, wie Essen, Sex, Unterhaltung, Politik oder Religion. Diese Bereiche unseres Lebens lassen sich durch die Erforschung einfacher Prozesse kaum hinlänglich erklären. Dazu bräuchte es laut Rozin mehr beschreibende Forschung, wie sie in der Biologie üblich ist. Nur wenn bekannt ist, was Menschen im realen Alltag tun, ist es sinnvoll, die grundlegenden Prozesse im Labor zu erkunden.

Eine Kritik von außerhalb – aus den Geisteswissenschaften – lautet, dass menschliches Denken, Fühlen und Verhalten so komplex seien, dass wir nie den Menschen als Ganzes verstehen können. Die wissenschaftliche Psychologie betrachtet den menschlichen Geist von außen als Objekt, so wie die Medizin den menschlichen Körper oder ein Mechaniker einen Motor. Dabei vernachlässigen Psychologen eine ganzheitliche Perspektive von innen, die der menschlichen Existenz erst Sinn verleiht. Wir können Verhalten erklären, aber nicht die Person in einem tieferen Sinn verstehen.

Es ist wahr, dass die Psychologie den menschlichen Geist in gleichem Maße objektiviert hat wie die Medizin den Körper oder der Mechaniker den Motor. Auf der anderen Seite hat sich dieser Ansatz als erfolgreich erwiesen. Mithilfe der Medizin hat sich die Lebenserwartung innerhalb von 200 Jahren mehr als verdoppelt. Wenige wünschen sich eine Zeit zurück, in der es keine Impfungen, Antibiotika und pharmakologische Schmerzlinderung gab. Während ich dies schreibe, wünschen sich viele eine Impfung gegen das Coronavirus, ohne sich zu fragen, ob dabei der menschliche Körper als Objekt gesehen wird und damit eine ganzheitliche Sicht fehlt. Auch die wissenschaftliche Psychologie hat das Leben der Menschen verbessert. Um nur einige Beispiele zu geben: Therapeuten erzählen Personen mit psychischen Problemen nicht mehr, dass es ihnen an Willenskraft fehle; in der Schule werden nach und nach wirksame und motivierende Lehrmethoden eingeführt; Stellenbewerber müssen sich immer seltener nichtssagenden Beurteilungsmethoden unterwerfen, zum Beispiel unstrukturierten Interviews oder gar graphologischen Gutachten; schließlich trägt die psychologische

Forschung zu wirksamen Methoden der Zusammenarbeit und Konfliktlösung bei.

Andererseits müssen wir Psychologen trotz dieser Erfolge und Fortschritte demütig eingestehen, dass wir die Person nicht als Ganzes betrachten; es mag Schichten des Sinns menschlicher Existenz geben, an die die Wissenschaft nicht herankommt.

Literaturverzeichnis

Ainsworth, M. D. S., & Bell, S. M. (1970). Attachment, exploration, and separation: Illustrated by the behavior of one-year-olds in a strange situation. *Child Development*, 41, 49–67.

Ainsworth, M. D. S., & Bowlby, J. (1991). An ethological approach to personality development. *American Psychologist*, 46(4), 333–341.

Ajzen, I. (1991). The theory of planned behavior. *Organizational Behavior and Human Decision Processes*, 50(2), 179–211.

Ambady, N., Hallahan, M., & Conner, B. (1999). Accuracy of judgments of sexual orientation from thin slices of behavior. *Journal of Personality and Social Psychology*, 77(3), 538–547.

Anttila, V., Bulik-Sullivan, B., Finucane, H. K., Walters, R. K., Bras, J., Duncan, L., ... & Patsopoulos, N. A. (2018). Analysis of shared heritability in common disorders of the brain. *Science*, *360*(6395), eaap8757.

Aronson, E. (2002). Building empathy, compassion, and achievement in the jigsaw classroom. In J. Aronson (Ed.), *Improving academic achievement: Impact of psychological factors on education* (pp. 209–225). San Diego, CA, US: Academic Press.

Baillargeon, R. (1987). Object permanence in 3½-and 4½-month-old infants. *Developmental Psychology*, 23, 655–664.

Bakermans-Kranenburg, M. J., Van Ijzendoorn, M. H., & Juffer, F. (2003). Less is more: meta-analyses of sensitivity and attachment interventions in early childhood. *Psychological Bulletin*, 129, 195–215.

Bandura, A. (1965). Influence of models' reinforcement contingencies on the acquisition of imitative responses. *Journal of Personality and Social Psychology*, 1, 589–595.

Bartlett, F. C. (1932). *Remembering: A study in experimental social psychology*. Cambridge: Cambridge University Press.

Beck, A. T. (1963). Thinking and depression: I. Idiosyncratic content and cognitive distortions. *Archives of General Psychiatry*, 9, 324–333.

Bernstein, I. L., & Webster, M. M. (1980). Learned taste aversions in humans. *Physiology & Behavior*, 25, 363–366.

Buss, D. M. (1989). Sex differences in human mate preferences: Evolutionary hypotheses tested in 37 cultures. *Behavioral and Brain Sciences*, 12, 1–49.

Cannon, W. (1927). The James-Lange theory of emotions: A critical examination and an alternative theory. *American Journal of Psychology, 39*, 106–124.

Carlson, S. (1985). A double-blind test of astrology. *Nature, 318*(6045), 419–425.

Carpenter, P. A., Just, M. A., & Shell, P. (1990). What one intelligence test measures: a theoretical account of the processing in the Raven Progressive Matrices Test. *Psychological Review, 97*, 404–431.

Castonguay, L. G., Eubanks, C. F., Goldfried, M. R., Muran, J. C., & Lutz, W. (2015). Research on psychotherapy integration: Building on the past, looking to the future. *Psychotherapy Research, 25*, 365–382.

Chalmers, D. J. (1996). *The conscious mind: In search of a fundamental theory*. Oxford: Oxford University Press.

Comer, R. J. (2013). *Abnormal psychology* (8th edition). New York: Worth.

Darley, J. M., & Latané, B. (1968). Bystander intervention in emergencies: Diffusion of responsibility. *Journal of Personality and Social Psychology, 8*, 377–383.

Deci, E. L., & Ryan, R. M. (1985). *Intrinsic motivation and self-determination in human behavior*. New York: Plenum Press.

Eagly, A. H., & Wood, W. (1999). The origins of sex differences in human behavior: Evolved dispositions versus social roles. *American Psychologist, 54*, 408–423.

Ebbinghaus, H. (1885). *Über das Gedächtnis. Untersuchungen zur experimentellen Psychologie*. Lepzig: Duncker & Humblot.

Eisenberg, N. (2000). Emotion, regulation, and moral development. *Annual Review of Psychology, 51*, 665–697.

Ferster, C. B., & Skinner, B. F. (1957). *Schedules of reinforcement*. East Norwalk, CT: Appleton-Century-Crofts.

Flynn, J. R. (1987). Massive IQ gains in 14 nations: What IQ tests really measure. *Psychological Bulletin, 101*, 171–191.

Friedman, H. S., & Kern, M. L. (2014). Personality, well-being, and health. *Annual Review of Psychology, 65*, 719–742.

Funder, D. C. (2013). *The personality puzzle*. New York: W. W. Norton.

Gottfredson, L. S. (2004). Intelligence: Is it the epidemiologists' elusive «fundamental cause» of social class inequalities in health? *Journal of Personality and Social Psychology, 86*, 174–199.

Harlow, H. F. (1958). The nature of love. *American Psychologist, 13*, 673–685.

Holt, N., Bremner, A., Sutherland, E., Vliek, M., Passer, M., & Smith, R. (2015). *Psychology: The science of mind and behavior* (3rd edition). London: McGraw-Hill.

Hull, C.L. (1943). Principles of behavior: an introduction to behavior theory. Oxford, England: Appleton-Century.

James, W. (1884). What is an emotion? *Mind*, 9, 188–205.

John, O.P., & Srivastava, S. (1999). The Big-Five trait taxonomy: History, measurement, and theoretical perspectives. In L.A. Pervin & O.P. John (Eds.), *Handbook of personality: Theory and research* (Vol. 2, pp. 102–138). New York: Guilford Press.

Johnson, E.J., & Goldstein, D. (2003). Do defaults save lives? *Science*, 302, 1338–1339.

Kahneman (2011). *Thinking fast and slow*. New York: Farrar, Straus and Giroux.

Kanner, L. (1943). Autistic disturbances of affective contact. *Nervous Child*, 2, 217–250.

Kanwisher, N., McDermott, J., & Chun, M.M. (1997). The fusiform face area: a module in human extrastriate cortex specialized for face perception. *Journal of Neuroscience*, 17, 4302–4311.

Kaufman, A.S. (2009). *IQ testing 101*. New York: Springer.

Kessler, R.C., Berglund, P., Demler, O., Jin, R., Merikangas, K.R., & Walters, E.E. (2005). Lifetime prevalence and age-of-onset distributions of DSM-IV disorders in the National Comorbidity Survey Replication. *Archives of General Psychiatry*, 62, 593–602.

Kim, K.H., Relkin, N.R., Lee, K.M., & Hirsch, J. (1997). Distinct cortical areas associated with native and second languages. *Nature*, 388(6638), 171–174.

Kuhn, T.S. (1962). *The structure of scientific revolutions*. University of Chicago Press.

Langer, E.J. (1975). The illusion of control. *Journal of Personality and Social Psychology*, 32, 311–328.

Lashley, K.S. (1950). In search of the engram. In Society for Experimental Biology, *Physiological mechanisms in animal behavior. (Society's Symposium IV.)* (pp. 454–482). Oxford: Academic Press.

LeDoux, J. (1996). *The emotional brain*. New York: Simon and Schuster.

Lenneberg, E.H. (1967). *The biological foundations of language*. Oxford: Wiley.

Libet, B. (1985). Unconscious cerebral initiative and the role of conscious will in voluntary action. *Behavioral and Brain Sciences*, 8(4), 529–539.

Lilienfeld, S.O., Wood, J.M., & Garb, H.N. (2000). The scientific status of projective techniques. *Psychological Science in the Public Interest*, 1, 27–66.

Lorenz, K.Z. (1937). The companion in the bird's world. *The Auk*, 54, 245–273.

Maier, S. F., & Seligman, M. E. (1976). Learned helplessness: theory and evidence. *Journal of Experimental Psychology: General*, *105*, 3–46.

Marañon, G. (1924). Contribution à l'étude de l'action émotive de l'adrenaline. *Revue Française de l'Endocrinologie*, 2, 301–325.

Maslow, A. H. (1943). A theory of human motivation. *Psychological Review*, *50*, 370–396.

McNally, R. J. (2011). *What is mental illness*? Cambridge, MA: Harvard University Press.

McNeil, J. E., & Warrington, E. K. (1993). Prosopagnosia: A face-specific disorder. *Quarterly Journal of Experimental Psychology*, *46A*, 1–10.

Milgram, S. (1963). Behavioral study of obedience. *The Journal of Abnormal and Social Psychology*, *67*, 371–378.

Mischel, W., Shoda, Y., & Rodriguez, M. L. (1989). Delay of gratification in children. *Science*, 244(4907), 933–938.

Moffitt, T. E., Arseneault, L., Belsky, D., Dickson, N., Hancox, R. J., Harrington, H., ... & Sears, M. R. (2011). A gradient of childhood self-control predicts health, wealth, and public safety. *Proceedings of the National Academy of Sciences*, *108*, 2693–2698.

Montgomery, G. H., & Kirsch, I. (1997). Classical conditioning and the placebo effect. *Pain*, 72, 107–113.

Moser, E. I., Moser, M. B., & McNaughton, B. L. (2017). Spatial representation in the hippocampal formation: a history. *Nature Neuroscience*, 20, 1448–1464.

Nisbett, R. E. (2009). *Intelligence and how to get it*. New York: W. W. Norton.

Norenzayan, A., & Heine, S. J. (2005). Psychological universals: What are they and how can we know? *Psychological Bulletin*, *131*, 763–784.

Oberman, L. M., Hubbard, E. M., McCleery, J. P., Altschuler, E. L., Ramachandran, V. S., & Pineda, J. A. (2005). EEG evidence for mirror neuron dysfunction in autism spectrum disorders. *Cognitive Brain Research*, 24, 190–198.

Pavlov, I. P. (1927). *Conditioned reflexes. A study of the physiological activity of the cerebral cortex* (G. V. Anrep, trans.). Oxford: Oxford University Press.

Reber, R. (2016). Availability. In: R. Pohl (Ed.), *Cognitive illusions, 2nd ed.* (pp. 147–163). Hove, UK: Psychology Press.

Reber, R., Canning, E. A., & Harackiewicz, J. M. (2018). Personalized education to increase interest. *Current Directions in Psychological Science*, 27, 449–454.

Reisenzein, R. (1983). The Schachter theory of emotion: Two decades later. *Psychological Bulletin*, 94(2), 239–264.

Rogers, C. R. (1951). Client-centered therapy; its current practice, implications, and theory. Oxford: Houghton Mifflin.

Ross, M., & Sicoly, F. (1979). Egocentric biases in availability and attribution. *Journal of Personality and Social Psychology*, *37*, 322–336.

Rothbart, M. K. (2007). Temperament, development, and personality. *Current Directions in Psychological Science*, *16*, 207–212.

Rozin, P. (2006). Domain denigration and process preference in academic psychology. *Perspectives on Psychological Science*, *1*, 365–376.

Schachter, S. S., & Singer, J. E. (1962). Cognitive, social, and physiological determinants of emotional state. *Psychological Review*, *69*, 379–399.

Scherer, K. R. (1984). On the nature and function of emotion: A component process approach. In P. Ekman (Ed.), *Approaches to emotion.* Hillsdale, NJ: Erlbaum.

Schmidt, F. L., & Hunter, J. (2004). General mental ability in the world of work: occupational attainment and job performance. *Journal of Personality and Social Psychology*, *86*, 162–173.

Scoville, W. B., & Milner, B. (1957). Loss of recent memory after bilateral hippocampal lesions. *Journal of Neurology, Neurosurgery, and Psychiatry*, 20, 11–21.

Sherif, M.; Harvey, O. J.; White, B. J.; Hood, W., & Sherif, C. W. (1961). *Intergroup Conflict and Cooperation: The Robbers Cave Experiment.* Norman, OK: The University Book Exchange.

Simon, H. A. (1990). Invariants of human behavior. *Annual Review of Psychology*, *41*, 1–20.

Speisman, J. C., Lazarus, R. S., Mordkoef, A., & Davison, L. (1964). Experimental reduction of stress based on ego-defense theory. *Journal of Abnormal and Social Psychology*, *68*, 367–380.

Spitz, R. A. (1945). Hospitalism: An inquiry into the genesis of psychiatric conditions in early childhood. *The Psychoanalytic Study of the Child*, 1, 53–74.

Tanaka, J. W., & Farah, M. J. (1993). Parts and wholes in face recognition. *Quarterly Journal of Experimental Psychology*, *46A*, 225–245.

Thorndike, E. L. (1898). Animal intelligence: An experimental study of the associative processes in animals. *The Psychological Review: Monograph Supplements*, 2(4).

Thurstone, L. L. (1938). Primary mental abilities. *Psychometric Monographs*, *1*.

Tolman, E. C. (1948). Cognitive maps in rats and men. *Psychological Review*, *55*, 189–208.

Turkheimer, E., Haley, A., Waldron, M., d'Onofrio, B., & Gottesman, I. I. (2003). Socioeconomic status modifies heritability of IQ in young children. *Psychological Science*, 14(6), 623–628.

Tversky, A., & Kahneman, D. (1973). Availability: A heuristic for judging frequency and probability. *Cognitive Psychology*, *5*, 207–232.

Tversky, A., & Kahneman, D. (1974). Judgment under uncertainty: Heuristics and biases. *Science*, *185*, 1124–1131.

Van der Horst, F. C. P. (2011). *John Bowlby – from psychoanalysis to ethology. Unraveling the roots of attachment theory*. Chichester, UK: Wiley.

Wampold, B. E., & Imel, Z. E. (2015). *The great psychotherapy debate. The evidence for what makes psychotherapy work*. New York: Routledge.

Watson, J. B. (1945/1924). *Behaviorism*. London: Kegan Paul, Trench, Trubner.

Wechsler, D. (1944). *The measurement of adult intelligence (3rd edition)*. Baltimore: Williams & Wilkins.

Willis, J., & Todorov, A. (2006). First impressions. Making up your mind after a 100-ms exposure to a face. *Psychological Science*, *17*, 592–598.

Wixted, J. T., & Wells, G. L. (2017). The Relationship between Eyewitness Confidence and Identification Accuracy: A New Synthesis. *Psychological Science in the Public Interest*, *18*, 10–65.

Register